Angelika Gassner

# Eigene und fremde Grenzen achten

*Spirituelle Impulse für einen guten Umgang mit mir selbst und anderen*

Schwabenverlag

*Für alle ukrainischen und österreichischen Frauen,*
*die mit mir für den Frieden stricken.*
*Mit jeder Masche verknüpfen wir uns*
*mit dem Faden der Liebe.*
*Diese Geschwisterlichkeit hält den Glauben*
*an das Gute lebendig.*

# Inhalt

# I

# Ich achte und würdige die Grenze

Über Grenzen zu sprechen angesichts der aktuellen politischen Grenzüberschreitungen ist eine Herausforderung, aber auch ein Gebot der Stunde. Grenzen schützen Staaten, Länder, Besitztümer, Menschen und ihre Rechte. Zumeist schützen sie einen *Heiligen Bezirk.* Der Heilige Bezirk ist ein realer oder metaphorischer Raum, der mit innerer Achtsamkeit und mit Ehrfurcht betreten oder bewohnt wird. Hier ist das Kostbarste aufbewahrt. Hier ist das Göttliche beheimatet. Wir können hier von einem Tempel, aber auch vom »göttlichen Funken«, der in jedem Menschen brennt, sprechen. Grenzübertretungen können hier wie dort ein Tabubruch sein, der zumeist negative Folgen mit sich bringt.

## Dem Paradies sind Grenzen gesetzt

Laut biblischem Schöpfungsbericht lebten die ersten von Gott geschaffenen Menschen im Paradies. Sie konnten sich darin frei bewegen. Ihnen wurde eigentlich alles geboten, was sie für ein erfülltes Leben benötigten. Aber es gab ein Gebot: Vom Baum des Lebens und vom Baum der Erkenntnis von Gut und Böse, die in der Mitte des Gartens gesetzt waren, durften sie nicht essen. Neben diesen zwei tabuisierten Bäumen gab es zahlreiche andere Bäume mit begehrenswerten und köstlichen Früchten. Die Versuchung jedoch, vom Verbotenen zu naschen, heimlich still und leise, war zu groß. Das viele hat nicht gereicht. Die Lust auf mehr – sprich: auf die goldene Mitte bzw. den göttlichen Bereich – war einfach zu groß.

> *Dann pflanzte Gott, der HERR, in Eden, im Osten, einen Garten und setzte dorthin den Menschen, den er geformt hatte. Gott, der HERR, ließ aus dem Erdboden allerlei Bäume wachsen, begehrenswert anzusehen und köstlich zu essen, in der Mitte des Gartens aber den Baum des Lebens und den Baum der Erkenntnis von Gut und Böse.*
> *(Genesis 2,8–9)*

> *Dann gebot Gott, der HERR, dem Menschen: Von allen Bäumen des Gartens darfst du essen, doch vom Baum der Erkenntnis von Gut und Böse darfst du nicht essen; denn am Tag, da du davon isst, wirst du sterben. (Genesis 2,16–17)*

> *Darauf sagte die Schlange zur Frau …: Sobald ihr davon esst, gehen euch die Augen auf; ihr werdet wie Gott und erkennt Gut und Böse. Da sah die Frau, dass es köstlich wäre, von dem Baum zu essen, dass der Baum eine Augenweide war und begehrenswert war, um klug zu werden. (Genesis 3,4–6)*

> *Dann Sprach Gott, der HERR: Siehe, der Mensch ist wie einer von uns geworden, dass er Gut und*

*Böse erkennt. Aber jetzt soll er nicht seine Hand ausstrecken, um auch noch vom Baum des Lebens zu nehmen, davon zu essen und ewig zu leben. Da schickte Gott, der HERR, ihn aus dem Garten Eden weg, damit er den Erdboden bearbeite, von dem er genommen war. Er vertrieb den Menschen und ließ östlich vom Garten Eden Kerubim wohnen und das lodernde Flammenschwert, damit sie den Weg zum Baum des Lebens bewachten. (Genesis 3,22–24)*

Dieser biblische Mythos zeigt wie so viele ähnliche Mythen der Menschheitsgeschichte, dass der Mensch (er wird hier zunächst nicht differenziert oder definiert) stets nach Höherem strebt. Letztlich will er Gott gleich sein oder gar Gott beherrschen. Dieser Hochmut hat drastische Folgen. Der Mensch, der das göttliche Gebot missachtete und vom Baum der Erkenntnis aß, leugnete es zunächst, dann suchte er nach Ausreden und Schuldzuweisungen. Was den beiden Menschen aber sofort klar wurde: dass sie nackt waren und sich deshalb schämten.

Die Augen waren ihnen aufgegangen. Wo sie sich vorher frei bewegten, einander achteten und zumindest in ihrem Menschsein keine trennenden Unterschiede wahrnahmen, wurde ihnen plötzlich klar, dass sie anders waren. Sie fühlten sich entblößt, durchschaut, unsicher, und sie fingen an, sich nicht nur vor Gott zu verstecken.

Die Harmonie, die Einheit, die (geschlechtliche) Unschuld war mit der Grenzüberschreitung verlorengegangen. Das Paradies war ihnen durch ihren unerlaubten Schritt in den Heiligen Bezirk genommen. Sie mussten es verlassen. Im Verlassen aber waren sie gezwungen, selbstverantwortlich und »einzig« zu werden. Der Tabubruch brachte die Endlichkeit, aber auch ihre Individualität.

an der Grenze
ist meine Identität gefragt
mein Passwort lautet
»Ich bin Ich«

Laut der Genesis, der Geschichte der Entstehung der von Gott geschaffenen Welt, wurde dieser Tabubruch bestraft. Der Zugang zum Paradies wurde versperrt, gesichert durch Kerubim und das lodernde Flammenschwert, damit der Mensch nicht auch noch vom Baum des ewigen Lebens esse. Und dem Menschen wurden Konsequenzen seines Handelns aufgezwungen: Das Arbeiten wird mühsam, das Gebären geschieht unter Schmerzen, die Endlichkeit des Lebens wird herausfordern. Aber Gott erweist sich als fürsorglich, denn das menschliche Leben wird so ausgestattet und geschützt, dass der Mensch sich weiterentwickeln und das Leben trotz der Grenzen genießen kann.

Diese biblische Erzählung weist uns darauf hin, dass wir unsere eigenen menschlichen Grenzen und die göttlichen Grenzen beachten und würdigen sollen, um gut leben zu können. In jedem Menschen ist ein solcher Heiliger Bezirk, den es zu bewachen und zu sichern gilt. In diesem Bereich lebt das Göttliche in jeder und jedem von uns weiter. Dieser unantastbare Bezirk weist darauf hin, dass wir Gottes Geschöpfe sind, dass uns göttliche Liebe und Umsicht eingehaucht sind. Letztlich ist jeder Mensch in seiner Ganzheit ein solcher Heiliger Bezirk, den es zu achten gilt.

Es ist von großer Bedeutung, dass ich mir meiner Würde und Gottebenbildlichkeit in aller Demut bewusst bin. Das Wort Demut drückt aus, dass ich weiß, woher ich komme und wohin ich gehe. Biblisch gesehen gilt die Aussage:

*Staub bist du und zum Staub kehrst du zurück.*
*(Genesis 3,19)*

## Ich lebe entlang meiner Grenzen

Ich bin aus dem Erdboden geformt. Ich verdanke mich einer schöpferischen Kraft, die mich liebevoll gestaltet hat. Ich habe mir mein Leben nicht »erleistet«, genommen, eingefordert. Ich habe mein Leben geschenkt bekommen. Ich lebe ein zeitlich begrenztes Leben, aber ich habe die Freiheit, dieses Leben, so gut es mir möglich ist, zu gestalten. Ich lebe innerhalb der Grenzen, die meine Zeitlichkeit, meine Bruchstückhaftigkeit, meine Vergänglichkeit mit sich bringen. Aber ich habe die Chance, innerhalb der natürlichen Grenzen vieles in mir und aus mir und um mich herum zu entfalten. Ich lebe mit den Grenzen, an den Grenzen entlang. Wenn ich das dankbar und achtsam tue, dann zeige ich meine Demut – mit aller mir gegebenen Kraft und mit dem Mut, der dies anerkennt.

## Ich schütze mich vor Grenzüberschreitungen

Wer Grenzen missachtet, kann verletzen oder verletzt werden. Grenzüberschreitungen sind Übergriffe in verschiedensten Dimensionen, auf unterschiedlichen Ebenen: Sie können z. B. körperlicher, emotionaler, verbaler oder psychischer Natur sein und gewalttätig, manipulativ, demütigend – kurzum: die Würde des Menschen entwertend – eingesetzt werden. Zumeist aber wird etwas mir oder dir Heiliges damit unachtsam, willkürlich oder bewusst berührt. Damit einher geht häufig das Gefühl, nicht geachtet, gesehen und gehört, nicht geliebt oder geschützt zu werden. Das bedeutet, dass Grundbedürfnisse des Menschen mit Füßen getreten werden.

Grenzüberschreitungen können sein: wenn ich ein fremdes Land in Besitz nehmen will; wenn ich Leben töte; wenn ich einen Konkurrenten ausschalte; wenn ich eine Arbeitnehmerin mobbe; wenn ich mit zynischen Bemerkungen jemanden beleidige; wenn ich jemanden mit Schweigen bestrafe; wenn ich jemanden ignoriere oder negiere; aber auch, wenn ich meinen Körper ausbeute; wenn ich meine Seele vernachlässige etc.

Jeder Mensch hat in ihrem oder seinem Leben Werte, für die es sich zu leben oder auch zu sterben lohnt. Wer sich z.B. ihrer bzw. seiner Werte bewusst ist, wird sie auch zu schützen suchen. Diese Werte können sein: Liebe, Friede, Gleichberechtigung, Wahrheit, Verlässlichkeit, Vertrauen, Treue, Beständigkeit, Kreativität, Geschwisterlichkeit, Solidarität, Loyalität, Dankbarkeit, Achtsamkeit, Spiritualität, Tradition, Bodenständigkeit, Naturverbundenheit u. v. m.

Ich schütze und bewahre das, was mir wertvoll ist, das, was mir Sinn, Energie und Lebenskraft verleiht. Ich schütze das, was mir heilig ist. Der sicherste Schutz ist es, Grenzen klar zu benennen, sie zu achten, ihre Achtung einzufordern und bei Grenzüberschreitung auch Konsequenzen zu verantworten. Das braucht Mut, Klarheit, Disziplin und eben eine konsequente Haltung. Um dies leisten zu können, muss ich mir selbst bzw. muss mir dieser Wert etwas bedeuten. Ich bin mir etwas wert. Diese Werte, die mein Leben bereichern, sind mir wertvoll.

Werte sind
strahlende Edelsteine
im Licht entfalten sie
ihre Wirkkraft

Werte
verkümmern unter dunklen Schichten

wenn Liebe
Verkrustungen durchbricht
werden Diamanten
ins Leben geboren

## Ich achte deine Grenzen

Aus dieser achtsamen, aber klaren Haltung heraus schaffe ich es leichter, Schutz zu bieten, mich für meine Lebenswerte einzusetzen. Aus dieser Haltung heraus kann ich auch den Heiligen Bezirk meines Gegenübers mit Achtung wertschätzen. Ich selbst überschreite die Grenzen anderer dann weniger oder eben gar nicht. Ich bin mir bewusst, dass meine Grenze deine Grenze sanft berührt. Jenseits der Grenze ist dein Paradies und du bestimmst, ob ich diesen Bereich betreten darf oder nicht. Dasselbe gilt für mich. Ich bin mir meines geschützten Bereiches bewusst und entscheide, wann ich die Grenze öffne, dich zu mir einlade, dich bei mir aufnehme, und wann nicht.

Wenn ich meine Grenzen definiere und auch nach außen vermittle, wenn ich sie selbst einhalte, dann geschehen selten(er) Grenzüberschreitungen. Innerhalb klarer Grenzen ist es jedoch unter Umständen möglich, die Grenzziehung zu ändern, zu weiten, einzuschränken je nach Notwendigkeit oder nach gemachten Erfahrungen.

meine Grenze
berührt
deine Grenze

aus der Achtung
deines und meines Bereiches
wächst vertrauensvolle Berührung

## Ich leide an Grenzverletzungen

Wer keine Grenzen setzt oder einhält, kann beziehungslos werden, kann verletzen oder verletzt werden. Ohne Grenzschutz kann ich vereinnahmt, überrollt, manipuliert, gedemütigt, ausgebeutet, missbraucht und/oder missachtet werden. Zurück bleibe ich als Opfer, das zutiefst gekränkt ist. Das tut weh. Dieser Schmerz kann meinem Leib oder meiner Seele auch durch mich selbst zugefügt werden, wenn ich mich z. B. pausenlos antreibe, meine inneren Bedürfnisse und mein leibliches Wohl immer wieder missachte.

## Meine Haut als Grenzbereich

Meine Haut ist das größte Organ meines Körpers. Es ist lebendig, atmet, bekommt manchen Kratzer ab, erleidet oft auch Wunden. Sie ist berührbar und empfindlich, sie bietet Schutz nach außen und Sinnlichkeit nach innen.

Ich sorge für mich

Ich streichle liebevoll und achtsam mit meiner rechten Hand über meinen linken Arm, von der Schulter bis zu den Fingerspitzen. Im wiederholten Streicheln werde ich mir meines Arms und dessen Grenzen nach außen bewusst. Hier fange ich an und hier höre ich auf.
Die Haut ist der Grenzbereich.
Ich streiche nun auch mit der linken Hand über meinen rechten Arm. Dasselbe kann ich mit jedem Körperteil tun. Dabei werde ich mir meines Körpers und dessen Grenzen nach außen bewusst(er). Meine Haut nimmt nach außen die Temperatur, die Atmosphäre, die Feuchtigkeit, die Sonne, den Wind und anderes mehr wahr. Nach innen aber wirkt diese Achtsamkeit auch auf die Seele und ihre Bedürfnisse und ihre Verletzungen, den Druck und den Stress, den sie zu verkraften hat.

Hautveränderungen oder Hautkrankheiten spiegeln oft Grenzüberschreitungen. Meine Haut ist mein größtes Sinnesorgan. Sie reagiert sensibel auf das, was in mir arbeitet und auf mich einfließt.

Ich streichle achtsam und liebevoll meine Haut
und höre auf ihre Gestimmtheit, ihr Begehren.

## Grenzen sichern meinen Freiraum

### Ich bin ein Kind schöpferischer Freiheit

Gott hat mich als Menschen geschaffen, mir göttlichen Geist, mir mütterlichen, väterlichen Atem eingehaucht. Ich bin ins Leben berufen worden. Ich habe das Leben nicht eingefordert, ich habe es mir auch nicht durch Leistung erarbeitet. Ich bin mir von einem liebenden Gott geschenkt worden. Gott hat mich also in großer Freiheit erschaffen, mir aber durch meine Endlichkeit eine natürliche Grenze gesetzt: Mein Leben ist einmalig, unwiederbringlich, begrenzt. Das ist der abgegrenzte Bereich, der Heilige Bezirk, in dem ich meine Einzigartigkeit entfalten kann. Alles, was endlich ist, quasi ein Ablaufdatum trägt, ist ebenso brüchig, bruchstückhaft, unvollkommen wie ausbaufähig, wertvoll und individuell gestaltbar.

*Gott verschafft meinen Grenzen Frieden.*
*(nach Psalm 147,14)*

### Ich darf meine Grenzen lieben

Wenn ich die Realität meiner Grenzen im Blick habe, dann ist meine Einmaligkeit ein Gütesiegel. Ich kann mich als Unikat innerhalb dieser Begrenzung begreifen und würdigen. Wenn mir dies gelingt, kann ich diese Einsicht auch auf jedes andere Lebewesen ausweiten: Alles, was mir begegnet, ist in ihrer bzw. seiner Einmaligkeit und Unwiederbringlichkeit unüberbietbar wertvoll.

So betrachtet, können mir die Grenzen auch ein Gefühl des Friedens vermitteln. Es ist gut so. Damit bin ich gleichzeitig dazu befreit, unvollkommen, unvollendet zu sein und zu bleiben. Ich darf Fehler machen; ich darf müde sein; ich darf Umwege gehen; meine Kräfte dürfen nachlassen; ich darf etwas riskieren; ich darf mir etwas erlauben; ich darf zur Ruhe kommen; ich darf mir genügen; ich darf meine Bedürftigkeit ausdrücken usw. – und du mir/dir auch!

> *Kommt alle zu mir, die ihr mühselig und beladen seid! Ich will euch erquicken … lernt von mir; denn ich bin gütig und von Herzen demütig; und ihr werdet Ruhe finden für eure Seele.*
> *(Matthäus 11,28–29)*

## Ich darf Grenzen setzen

Wenn ich es also schaffe, mir meine Grenzen einzugestehen, ja, zu ihnen zu stehen als einem wesentlichen Teil von mir, dann kann ich damit beginnen, Grenzen zu achten und zu setzen. Oft benötigt es jedoch eine innere und/oder äußere Erlaubnis, dies tun zu dürfen. Wenn ich allerdings gelernt habe, von der Erlaubnis oder dem Urteil anderer abhängig zu sein, fürchte ich mich häufig vor der Abgrenzung.

Ich befürchte, teilweise nicht zu Unrecht, dass eine Grenzsetzung durch mein Nein mich unbeliebt machen könnte; mich ausschließen könnte; Widerstand, Abgrenzung oder gar Zorn auslösen könnte. Wenn ich diese Furcht überbewerte oder bereits negativ erlitten habe, dann hält mich dies vielleicht davon ab, konsequent auf meine Bedürfnisse zu achten. Folglich orientiere ich mich eher an den Bedürfnissen anderer. Das Ergebnis dieser Haltung kann jedoch ein inneres Empfinden der Fremdbestimmung, der Unlust, der Resignation oder auch einer zunehmenden Erschöpfung sein. Anders ausgedrückt: In mir entsteht auf Dauer ein Unfriede, der mich unglücklich werden lässt. Mache ich das zu lange oder dauerhaft, kann ich mich an die anderen verlieren und letztlich manipulierbar werden. Ich lebe in letzter Konsequenz an meinem eigentlichen Leben vorbei.

Wenn ich mich dauerhaft selbst übergehe, kann es mir daher auch passieren, dass ich aufgrund dieser permanenten Kränkung krank werde. Mein Körper und meine Seele landen in einem Ausnahmezustand. Aus der Kraftlosigkeit oder der Resignation heraus wird es sehr schwer, sich an eine späte Grenzziehung heranzuwagen.

Wenn ich es jedoch in meiner persönlichen Entwicklung geschafft habe, mich weitgehend von den Stimmen von außen zu distanzieren, also meine eigene Stimme ernst zu nehmen, dann kann die gesunde Grenze gesetzt werden. Ich erlaube mir, mich für meinen Freiraum zu entscheiden. Damit entscheide ich mich fürsorglich für meine eigenen Bedürfnisse. Ich grenze mich ab, sage auch mal Nein. Ich muss zwar zunächst mit Widerstand meines Umfelds rechnen, denn mein Nein wird dieses in seine Verantwortung zurückholen. Das wird den Betroffenen zuerst wahrscheinlich missfallen. Aber wenn ich bei meinem Nein bleibe, dahinterstehe und mich damit selbst würdige, wird es allmählich wahrscheinlich(er), dass ich auch respektiert und geachtet werde. Meine Grenze wird eingehalten – sowohl von mir selbst als auch von meinem Umfeld.

Mein Nein kann liebevoll geäußert werden – mit einer Vorlauf-Phase: Ich bereite mein Gegenüber darauf vor, dass ich bald eine Grenze setzen werde. Ich teile z. B. kollegial mit, dass dies mein letzter Dienst in dieser Sache sein wird. Für den nächsten »Diensteinsatz« sollte ein Ersatz für mich gesucht und gefunden werden. Ich stehe fortan nicht mehr oder nicht mehr regelmäßig zur Verfügung. Durch diesen vorauseilenden Hinweis gebe ich meinem Gegenüber Zeit, jemand anderen zu finden, und stoße nicht unnötig vor den Kopf. Es macht mein Nein erträglicher, aber es muss in jedem Fall akzeptiert werden.

Es ist auch wichtig zu wissen, dass ich für mein Nein keine Gründe anzugeben brauche. Ich brauche mich nicht zu entschuldigen oder zu rechtfertigen. Es ist mein Recht, gesunde und vernünftige Grenzen zu ziehen. Das ist besonders für das Ehren- bzw. Freiwilligenamt zutreffend. Beide Seiten sollen anerkennen, dass ich diesen Dienst bislang freiwillig gemacht habe und mein freier Wille auch das Ja oder Nein mitbestimmt.

Klare Grenzen geben Halt und Sicherheit. Ich weiß, wie weit ich gehen kann; du weißt, wie weit du gehen kannst. An der Grenze können wir uns respektvoll begegnen. Manchmal kann ich die Grenze enger und ein andermal weiter ziehen. Wenn eine Logik dahintersteht, dann werde ich auch wiedererkannt, dann wird dies auch als Haltung anerkannt.

Wer in sich stark ist, wer auch mal die Grenze verteidigt, zeigt dem Umfeld, dass mit ihr/ihm auch in schwierigen Zeiten gerechnet werden kann. Ich zeige Rückgrat, bin bereit, für etwas Wertvolles einzustehen, und ich bin mir nicht zu schade oder bin nicht zu ängstlich, auch mal für Gerechtigkeit und Ordnung zu sorgen. Auf mich ist Verlass, es kann mit mir auch um Sinn und Wert gerungen werden. Das schafft eine Konfliktkultur oder einen Frieden, der hält.

## Grenzen setzen im kirchlichen Kontext

Im kirchlichen und sozialen Umfeld kommt mir als Referentin oft Widerstand entgegen, wenn ich von Abgrenzung und Selbstfürsorge spreche. Sofort wird mir gesagt, dass wir zur Nächstenliebe verpflichtet sind und es sowieso viel zu viele Egoist/innen auf dieser Welt gibt. Dann werden biografische Details erzählt, etwa dass Verantwortliche, die z. B. im Pfarrhaus ihre Wohnung haben, auch noch um 22 Uhr herausgeläutet werden, weil jemand etwas von ihnen will. Es kommt dann beim Erzählen doch eine Art Überforderung oder unterdrückter Groll durch, dass man/frau in so einer Lebenssituation eigentlich nie zur Ruhe kommt bzw. persönlich also zu kurz kommt.

Ich frage dann gern ganz naiv, ob denn die Glocke auf stumm geschaltet werden könnte? Gibt es denn nicht Amtszeiten und offizielle Ruhezeiten im Pfarrhaus?

»Nein – das gibt es eigentlich nicht«, kann dann die Antwort lauten. »Wer zur christlichen Nächstenliebe berufen ist, ist immer dienstbereit.« Das ist meines Erachtens ein überhöhter Anspruch, der auf Dauer über die Grenzen der Belastbarkeit geht.

Auch andere sozial-caritativ eingestellte Menschen in meinem beruflichen Umfeld sind normalerweise bis spät in die Nacht und an Wochenenden, teilweise sogar im Urlaub, erreichbar und, wenn nötig, auch einsatzbereit. Ihre Bereitschaft, Gutes zu tun, da zu sein, Hilfe anzubieten, scheint grenzenlos. Die christliche Sozialisierung fordert scheinbar immer noch, allen alles zu sein, immer im Dienst, immer für andere da zu sein und sich selbst zurückzustellen. Viele geben sich so sehr hin, dass sie kaum mehr ein eigenes, selbstbestimmtes Leben führen können – sie haben kaum mehr Zeit oder Kraft dazu.

## Grenzen setzen Prioritäten

Auch Jesus setzt während seiner kurzen Wirkphase Prioritäten. Er ist sich bewusst, dass auch er und alles andere um ihn herum natürlichen Grenzen unterworfen ist: Ich kann nicht alles machen, ich kann nicht alles erreichen, ich kann nicht alles gleichzeitig erledigen. Ich werde immer wieder aufgefordert, Entscheidungen zu treffen, das eine zu tun und das andere zu lassen. Jesus nachzufolgen kann z. B. das eine Mal heißen, jemanden getreu der traditionellen Rituale zu beerdigen; aber es kann auch mal bedeuten, einen anderen Weg einzuschlagen. Jesus nachzufolgen bedeutet letztlich auch, sich unabhängig zu machen von dem, was Routine ist, was Gesetz ist, was »man« so tut oder nicht tut.

> *Jesus erwiderte: Folge mir nach;*
> *lass die Toten ihre Toten begraben! (Matthäus 8,22)*

Ich bin aufgefordert, mir selbst gegenüber barmherzig, großherzig, empathisch, mitfühlend, mütterlich oder väterlich zu sein. Wenn ich nicht gesund und zufrieden, stark und aufgerichtet bin, dann kann ich auch nicht für andere stark und aufmunternd sein. Wenn ich übermüdet, gereizt oder unter Druck bin, dann kann ich niemanden wirklich stützen; dann kann ich mich nur eingeschränkt für das Gute kraftvoll einsetzen; dann kann ich mich kaum angemessen und achtsam auf mein Gegenüber einlassen.

Weiser Gott,
lass mich meine Grenzen erkennen
und hilf mir dabei, sie zu würdigen.
Stärke mich darin,
mir jenen Schutz zu sichern,
den mein Wohl braucht,
um ganz und gesund zu bleiben.

Hilf mir dabei,
das Zerbrechliche,
das Bedürftige in mir
zu schützen und es zu stärken.
Sei du mir Grenze und Halt,
damit mein göttlicher Bereich
in mir behütet ist.

## Grenzen bieten Schutz und Erholung

Grenzen zu setzen bedeutet auch, meine Kraftreserven im Blick zu haben und mich vor Erschöpfung zu bewahren. Das kann gelingen, indem ich lerne, nicht alles selbst verantworten oder erledigen zu müssen. Oft ist da das angelernte Muster, das häufig aus Kindertagen stammt, Verantwortung auch ungefragt zu übernehmen. Da kümmert sich jemand anderer nicht gleich oder gar nicht um etwas; ich sehe, dass es getan werden sollte, und packe zu. Das ist eine wunderbare Qualität, die sich aber ins Uferlose steigern und zur Überforderung führen kann.

Außerdem hat sie die Tendenz, anderen die Verantwortung auch zu nehmen. Wer zu schnell Aufgaben und

Verantwortlichkeiten (ungebeten, unaufgefordert) übernimmt, übergeht dabei nicht selten jene, die eigentlich damit beauftragt sind. Das kann Wut und Unverständnis bei den anderen auslösen, aber auch dazu führen, dass einem jene Arbeiten bzw. Dienste *bleiben,* die spontan so übereifrig oder gutmütig übernommen wurden. Es ist spätestens jetzt angebracht, liebevoll auf die eigenen Ressourcen und die eigenen Verpflichtungen zu schauen und zu registrieren: *Ich habe mich übernommen, weil ich mir zu viel aufgelastet habe!* An diesem Punkt der Einsicht entscheide ich mich, nur das zu tun, was nur ich tun sollte, weil meine Aufgabenbeschreibung es so definiert. Ich erlaube mir zu delegieren, was sowieso die Aufgabe anderer ist oder was andere auch machen können. Damit entlaste ich mich und nehme Druck aus meiner Arbeits- oder Lebenssituation.

> *Mit meinem Gott überspringe ich Mauern.*
> *(Psalm 18,30)*

## Mose lernt zu delegieren

Aus der biblischen Erzählung über den Propheten Mose ist vielleicht bekannt, dass er den übermenschlichen Auftrag Gottes erhielt, ein ganzes Volk von Hebräern aus der Gefangenschaft Ägyptens zu führen. Mose wusste sofort, dass ihn das an die Grenze seiner Kräfte führen würde. Er sagte klar zu Gott, dass er das allein nicht schaffen kann. So wurden ihm seine Schwester Miriam und sein Bruder Aaron zur Seite gestellt. Dennoch war die Belastung eine unendlich große. Das erkannte sein Schwiegervater Jitro, als er Mose und das Volk in der Wüste besuchte. Als Führungsgestalt war Mose die Ansprechperson und der Richter für die Sorgen und Anliegen der Hebräer/innen. Um seinen Ratschluss zu hören, standen sie stundenlang schlange, während er die Angelegenheiten zu regeln versuchte. Eine Arbeitsbelastung, die maßlos war. Die Bibel berichtet es so:

> *Am folgenden Morgen setzte sich Mose, um für das Volk Recht zu sprechen. Die Leute mussten vor Mose vom Morgen bis zum Abend anstehen. Als der Schwiegervater des Mose sah, was er alles für das Volk zu tun hatte, sagte er: Was soll das, was du da für das Volk tust? Warum sitzt du hier allein und die vielen Leute müssen vom Morgen bis zum Abend vor dir anstehen? Mose antwortete seinem Schwiegervater: Weil das Volk zu mir kommt, um Gott zu befragen. Wenn sie einen Streitfall haben, kommt er zu mir. Ich entscheide zwischen ihnen und teile ihnen die Gesetze und Weisungen Gottes mit. Da sagte der Schwiegervater zu Mose: Es ist nicht gut, wie du das machst. So richtest du dich selbst zugrunde und auch das Volk, das bei dir ist. Das ist zu schwer für dich; allein kannst du es nicht bewältigen. Nun hör zu, ich will dir einen Rat geben und Gott wird mit dir sein. Vertritt du das Volk vor Gott! Bring ihre Angelegenheiten vor ihn, unterrichte sie in den Gesetzen und Weisungen und mach sie mit dem Weg bekannt, auf dem sie gehen, und mit dem Tun, nach dem sie handeln sollen! Du aber sieh dich im ganzen Volk nach tüchtigen, gottesfürchtigen und zuverlässigen Männern um, die Bestechung ablehnen. Gib dem Volk Vorsteher für je tausend, hundert, fünfzig und*

*zehn! Sie sollen dem Volk jederzeit als Richter zur Verfügung stehen. Alle wichtigen Fälle sollen sie vor dich bringen, die leichteren sollen sie selber entscheiden. Entlaste dich und lass sie mittragen! Wenn du das tust, sofern Gott zustimmt, bleibst du der Aufgabe gewachsen und dieses ganze Volk kann in Frieden heimkehren. Mose hörte auf seinen Schwiegervater und tat alles, was er vorschlug. Mose wählte sich tüchtige Männer in ganz Israel aus und setzte sie als Hauptleute über das Volk ein, als Vorsteher für je tausend, hundert, fünfzig und zehn. Sie standen dem Volk jederzeit als Richter zur Verfügung. Die schwierigen Fälle brachten sie vor Mose, alle leichteren entschieden sie selber. Mose verabschiedete seinen Schwiegervater und dieser kehrte in sein Land zurück. (Exodus 18,13–27)*

Jitro hat den Ernst der Lage erkannt: *Du machst das falsch; so belastest du dich und alle, die von dir abhängig sind! Entlaste dich, lass dir helfen!* Er ist ein weiser und gesunder Ratgeber, der den Überblick hat. Er kam von außen ins Lager, gehörte nicht zur Dynamik vor Ort und konnte die Lage richtig einschätzen: *Da läuft etwas schief.* Wenn die Führungsperson sich selbst überfordert, überfordert sie gleichzeitig auch jene, für die sie verantwortlich ist. Wenn Mose für sich selbst nicht die Verantwortung übernimmt, gesund und arbeitsfähig zu bleiben, dann tut er es auch nicht für sein Volk.

Hier hat es die Außensicht eines weisen Menschen gebraucht, um Mose und damit alle Flüchtenden vor dem Zusammenbruch zu bewahren. Und es hat einen weisen

Mose gebraucht, der sich diesen Rat zu Herzen nahm und rechtzeitig die Grenze zog. Er entlastete sich, indem er zuverlässige Männer (heute wären auch Frauen mit dabei!) auswählte und sie mit Befugnissen ausstattete. Damit waren letztlich alle entlastet. Delegieren, Verantwortung teilen, gemeinsam die Zügel in die Hand nehmen und vorhandene Fähigkeiten und Ressourcen gezielt einsetzen, heißt die Devise.

Ein weiteres Beispiel, erzählt in Numeri 11,24–25, zeigt, dass Mose dazugelernt hat: Nach Jahren in der Wüste, ausgelaugt, am Ende seiner Kräfte, schreit Mose zu seinem Gott und wütet mit ihm, weil er keine Kraft mehr hat, das störrische Volk zu führen. Leitungsarbeit kann die Belastungsgrenze übersteigen. Mose kann nicht mehr, will lieber sterben, als so weiterzumachen. Er will so nicht mehr weiterleben! Es reicht, das Maß ist voll. Er setzt Gott als seinem Auftraggeber klare Grenzen: *Nicht mehr mit mir!* Worauf Gott Mose ernst nimmt und den göttlich inspirierten Geist auf 70 Männer aussendet, die dann Leitungsfunktionen bei der kräftezehrenden Suche nach dem Gelobten Land übernehmen. Auch dieses Mal wird Mose entlastet und findet kompetente Unterstützung. Dieses Mal hat er allerdings selbst die Grenze gesetzt und Stärkung eingefordert. Nur so konnte das neue Land erobert und das Leben vieler gesichert werden.

## Ich lerne loszulassen

Eine weitere Art, Grenzen zu setzen und mir selbst damit Luft zum Atmen zu schenken, ist das Erkennen dessen, was ich loslassen und verabschieden kann. Nicht alles, was ich zu tun habe, ist auch wirklich noch nötig. Manche sind gewohnheitsmäßige, aber eigentlich überkommene Tätigkeiten. Manches kann ungesehen in den Papierkorb geschmissen oder vom PC gelöscht werden. Aufräumen ist angesagt, neu organisieren, vereinfachen und verabschieden. Nur so kann Freiraum entstehen.

Eine wesentliche Grenzsetzung ist der Verzicht auf Multitasking. Mein Gehirn kann immer nur einen Auftrag bearbeiten und alles, was ich ihm quasi gleichzeitig zumute, arbeitet das Hirn erst nacheinander ab. Dabei ist es aber im Dauerstress und sendet entsprechende Botenstoffe aus, die letztlich mich und mein System abnutzen. Dies sorgt für Übermüdung und fehlende Konzentration, die sich oft in Fehlern auswirkt. Das macht mich dann wiederum wütend, lässt mich an mir selbst zweifeln und verzweifeln. Das ist unnötig. Ich kann lernen, eines nach dem anderen zu machen. Wenn ich nach Dringlichkeit bzw. nach Notwendigkeit priorisiere, dann entlaste ich mich dabei. Ich grenze mich der gnadenlosen Überforderung gegenüber ab.

### Ich nehme Hilfe an

Widerstandsfähige Menschen sind offen für Unterstützung von außen. Sie haben in Krisenzeiten gelernt, aus Herausforderungen gestärkt hervorzugehen. Sie sind zuversichtlich und optimistisch geblieben, auch wenn es um sie herum stürmte. Resiliente Menschen suchen sich professionelle Beratung oder Begleitung, *bevor* sie an ihre Grenzen stoßen, aber sicherlich spätestens dann, wenn sie für sich entschieden haben, eine gesunde Grenze setzen zu wollen. Mit der richtigen Unterstützung im Rücken können mir Wege eröffnet werden, wie ich durch gute Grenzen meinen Heiligen Bezirk schütze und meine Kraftreserven auffüllen kann.

### Ich sorge für mich

Wenn ich mich mir selbst zuwende, dann bleibt es nicht ohne Wirkung. Diese innere Zuwendung hat nichts mit blankem Egoismus zu tun, der über Leichen geht und die Bedürfnisse anderer negiert. Diese innere Zuwendung hat mit Achtsamkeit und Wachsamkeit zu tun, die sich der göttlichen Spur in meinem Leben öffnen möchte, die Gott in allen Dingen und in meinem Sein entdecken möchte. Wenn ich mich mir selbst zuwende, dann bleibt es Gott nicht verborgen. Dann erhält Gott Raum, um in mir zu Wort zu kommen.
Ich möchte mir Zeit nehmen, mir diese liebevolle Zuwendung zu schenken. Ich ziehe mich an einen Ort zurück, der mir Geborgenheit vermittelt. Hier kann ich loslassen, allzu Alltägliches hinter mir lassen. Hier kann ich mich spüren. Ich darf hier so sein, wie ich bin. Hier darf ich aber auch tiefer schauen, was mich berührt. Um diese Tiefe zu erlangen, kann ich mich mit folgenden Fragen und möglichen Antworten auseinandersetzen:

- Was ist mir heilig?
  Wofür würde ich mein Leben einsetzen?
- Wann war ich das letzte Mal wütend?
  Was ist geschehen?
  Was hat mich verletzt?
- Welche (alte, frühere) Erfahrung hat mich diese oder eine ähnliche Wut erneut erleben lassen?

Welches Gefühl, welcher Schmerz liegt darunter oder ist damit verbunden?
- Wie habe ich mich und meinen Heiligen Bezirk geschützt?
  Wie habe ich gesunde Grenzen gesetzt?

Ich schaue liebevoll auf das Verletzte,
das Heilige, das Lebendige in mir.
Ich umarme, wiege, streichle, tröste es.

Jesus Christus
du menschgewordenes Auge Gottes
du schaust mich an
mit liebevollen Augen
die mein Herz berühren

Jesus Christus
du öffnest mir die Augen
ich schaue dich an
in deiner achtsamen Zuwendung
die mich sehen lässt

Jesus Christus
im Anschauen
deiner zärtlichen Liebe
schaue ich mich an
wie ich bin[1]

## Grenzen bringen Klarheit

Was also hält mich noch davon ab, dort, wo es nötig ist, meine Grenzen zu schützen und ein eindeutiges Nein zu sagen? Hält mich mein übernommenes Verständnis von Nächstenliebe davon ab, mich abzugrenzen? Hat es mit meiner Interpretation von der christlichen Pflicht zu tun, die Erwartungen bzw. Bedürfnisse anderer an die erste Stelle zu setzen? Gibt es andere Gründe für mein Zögern, meinen Heiligen Bezirk zu sichern?

### Ich reflektiere mein Nein oder Ja

Ich möchte es wagen, einige (vielleicht provokante oder überspitzte) Fragen zu stellen, die mir dabei helfen könnten, (m)einen steten, oft scheinbar bedingungslosen Einsatzwillen zum Dienst zu überdenken:

- Bin ich (derzeit) die einzige Person, die diesen Dienst tun kann?
- Ist dieser Dienst in meiner Arbeitsbeschreibung eingefordert?
- Habe ich bestimmte Dienstzeiten?
- Wenn ich diesen Dienst jetzt verweigere, entsteht dadurch ein (menschlicher) Schaden?
- Bin ich ausgebildete/r Notfall-Seelsorger/in?
- Gehöre ich einem Kriseninterventionsteam an?
- Bin ich derzeit im Einsatz oder auf Bereitschaft?
- Kann dieser Dienst auch zu einem späteren, für mich günstigeren Zeitpunkt erledigt werden?
- Wenn ich diesen Dienst verweigere, kann ich es mit meinem Gewissen vereinbaren?

- Wer hat mein Gewissen mitgestaltet oder erheblich beeinflusst?
- Werden in mir Schuldgefühle aufkommen, wenn ich Nein sage?
- Wer wird mir diese Schuldgefühle einreden und wer ausreden?
- Kann ich es verkraften, wenn der/die Hilfesuchende beleidigt ist?
- Welche Knöpfe muss diese Person bei mir drücken, um mich von meinem Nein umzustimmen?
- Wie verführbar bin ich, wenn es um Anerkennung geht?
- Wie verführbar bin ich, wenn es um Ablehnung geht?
- Wie viel ist mir meine Gesundheit wert?
- Wie viel ist mir mein innerer Friede wert?
- Entsteht Friede in mir, wenn ich meine Bedürfnisse und Grenzen achte – oder wenn ich die Bedürfnisse und Grenzen anderer achte?
- Wie dauerhaft und ergiebig ist ein »fauler Kompromiss«?
- Gibt es auch sinnvolle Kompromisse zu dieser Anfrage?
- Gibt es andere Lösungen zur Beseitigung des Grundproblems?
- Kann ich mir selbst Unterstützung holen, um mich aus der Spirale der Grenzüberschreitung herauszubewegen?
- Nehme ich mir Zeit zur Selbstreflexion, ob ich lieber Ja oder doch lieber Nein sage?
- Sage ich häufig Ja, obwohl mir eigentlich nicht danach ist?
- Wenn ich halbherzig Ja sage – wie fühle ich mich, wie fühlt sich der/die andere?

- Wenn ich halbherzig Nein sage, was geschieht dann mit mir und mit anderen?
- Wenn ich Ja sage, es aber nicht tue – was für ein Gefühl entsteht daraus?
- Wenn ich Nein sage, es aber doch tue – was für Konsequenzen hat das auf Dauer?
- Wenn ich meine Gesundheit und meine aktuellen Kraftreserven im Auge habe, welche Antwort wäre selbstfürsorglich?
- Handelt es sich bei der Anfrage um einen schnell auszuführenden Dienst, um einen regelmäßigen oder einen eher aufwändigen Dienst? Habe ich die nötigen Zeitressourcen?
- Macht mir diese Anfrage Spaß bzw. fordert sie mich zum Reifen oder zur Weiterentwicklung heraus?

Wahrscheinlich gibt es noch viel mehr Aspekte, die berücksichtigt werden könnten, um zu der Erlaubnis oder der Entscheidung zu gelangen, häufig ja oder doch mal nein zu sagen. Jesus scheint aber von mir zu verlangen, dass ich von dem, was ich sage, überzeugt sein soll und dass mein Wort auch eine entsprechende Handlung nach sich zieht. Meine Antwort sollte auf alle Fälle in Einklang mit meinem inneren Bedürfnis stehen. Dann erst ist mein Handeln wirksam, dann bin ich authentisch.

> *Euer Ja sei ein Ja und euer Nein sei ein Nein.*
> *(Matthäus 5,37[2])*

Wer das Nein zulässt, erlaubt dem Gegenüber einen Freiraum, eine Mitbestimmung, eine Grenzsetzung, die den

Heiligen Bezirk schützt. Wer das Nein nicht zulässt, ist entweder manipulierbar oder manipuliert. Wer ein Nein übergeht, missachtet die Würde des Gegenübers und wird als übergriffig empfunden. Dies kann zu schweren Kränkungen führen. Ebenso kann ich mich selbst aber übergehen und damit auch selbst kränken. Ich verletze meine körperlichen und seelischen Bedürfnisse und schwäche mich dabei. Wenn dies oft, regelmäßig oder dauerhaft passiert, werden meine Seele und mein Körper aufschreien. Spätestens jetzt ist eine Auszeit, eine Umkehr nötig.

Das Reflektieren über Anfragen zu »Dienstleistungen« ist notwendig und angebracht, denn sie ziehen eine Verpflichtung über einen gewissen Zeitraum mit sich. Anders ist das jedoch in einer Notsituation, die ein rasches Handeln fordert. In solchen Momenten, wo Gefahr droht oder Schaden geschehen ist, werde ich als Mensch immer gefragt sein, *sofort* einzugreifen, Hilfestellung zu leisten. Hier ist mein Nein evtl. eine Verweigerung an Mitmenschlichkeit und könnte auch Leben bedrohen.

Abgesehen von Notsituationen kann ich jedoch immer um eine Bedenkzeit bitten, bevor ich mit Ja oder Nein antworte. Ich möchte noch einmal darüber schlafen, ehe ich mich entscheide. Ich möchte damit verhindern, dass ich mich zu einer permanenten bzw. gewohnheitsbedingten Nein-Sagerin oder einem dauerhaften Ja-Sager entwickle. Meine Antwort auf die Frage »Hilfst du mir? Machst du mir das? Kannst du das für mich übernehmen?« kann also »situationselastisch« überdacht und beantwortet werden.

*Streite, Herr, gegen alle, die gegen mich streiten,*
*bekämpfe alle, die mich bekämpfen!*

*Ergreife Schild und Waffen;*
*steh auf, um mir zu helfen!*
*(Psalm 35,1–2)*

## Mein Nein stoppt meine inneren Antreiber

Im Alltag muss ich mich nicht nur mit den Grenzen anderen gegenüber auseinandersetzen, sondern viel häufiger mit meinen eigenen inneren Fragestellungen, Gedankengängen, Antreibern. Es ist daher wichtig, meinen Gedankenspiralen, meinen Worten und Stimmungen Grenzen zu setzen. Wenn ich mich zu oft oder scheinbar allzu gern mit negativen Gedanken, mit Abwertungen, mit Zynismus und Sarkasmus, mit depressiven Stimmungen beschäftige, dann kann daraus eine innere Haltung werden. Es ist also notwendend, diesen belastenden Gedanken und möglichen abwertenden Haltungen ein klares *Stopp!* entgegenzusetzen. Und danach den bewussten Schritt zu tun, dieses Negative mit Positivem zu besetzen.

## Ich bejahe Positives

Aktuell ist es wichtig, dass ich mich nicht permanent mit negativen Schlagzeilen, mit zerstörerischen Bildern und Nachrichten auseinandersetze. Damit ist nicht gemeint, dass ich ausblende, verdränge, negiere, was Realität ist. Aber es ist lebensnotwendig, dass ich die Flut der negativen Reize und Bilder erstens zeitlich limitiere und zweitens auch reguliere: indem ich ihnen etwas Erfreuliches, Erbauliches, Tröstendes entgegensetze. Ich schaue nicht nur Kriegsreportagen an, sondern ich schaue in die Natur, in die strahlenden Augen meines Kindes. Ich lese entspannende Literatur, ich höre betörende Musik, ich spreche über berührende Augenblicke und aufbauende Erinnerungen: z.B. erlebte Urlaube, schöne Wanderungen, interessante Menschen etc. Ich mache Sport, ich stricke mir ein Kleid, ich schnitze meinem Kind eine Flöte, ich spiele Karten oder hingebungsvoll ein Instrument u. v. m.

## Ich schaue nach vorn

Gerade dann, wenn ich Belastendes erlebte oder auch Schreckliches mitansehen musste, ist es wichtig, den Blick nach vorn zu wenden. Auch dazu möchte ich ein biblisches Beispiel erwähnen, das mir dabei hilft, Negatives zu erkennen und hinter mir zu lassen.

Abrahams Neffe Lot lebte mit seiner Frau in der berüchtigten Stadt Sodom. Hier herrschte so viel Niedertracht und Unmenschlichkeit vor, dass Gott beschloss, sie zu zerstören. Die Gottesfürchtigen aber, die ihr Leben menschlich geführt und an Gottes Werten festgehalten, die die Engel Gottes aufgenommen und ernst genommen haben, sollen überleben. Das gelingt nur, wenn sie die Stadt verlassen, nach vorn schauen und einen Neubeginn wagen.

> *Als die Morgenröte aufstieg, drängten die Engel Lot zur Eile und sagten: Auf, nimm deine Frau und deine beiden Töchter, die hier sind, damit du nicht wegen der Schuld der Stadt hinweggerafft wirst! Da er noch zögerte, fassten die Männer seine Hand, die Hand seiner Frau und die Hand seiner beiden Töchter, weil der Herr mit ihm Mitleid hatte. Sie führten ihn hinaus und ließen ihn erst draußen vor der Stadt los. Während die Männer sie hinaus ins Freie führten,*

*sagte der eine: Rette dich, es geht um dein Leben! Sieh dich nicht um und bleib im ganzen Umkreis nicht stehen! Rette dich ins Gebirge, sonst wirst du weggerafft! … Als die Sonne über dem Land aufgegangen und Lot in Zoar angekommen war, ließ der Herr auf Sodom und Gomorra Schwefel und Feuer regnen, vom Herrn, vom Himmel herab. Er ließ ihre Städte einstürzen mitsamt ihrem ganzen Umkreis, auch alle Einwohner der Städte und alles, was auf den Feldern wuchs. Als sich aber seine Frau hinter ihm umblickte, wurde sie zu einer Salzsäule. (Genesis 19,15–17;23–26)*

Sodom und Gomorra sind sprichwörtlich für Dekadenz und Gottesferne geworden. Die biblische Symbolik scheint die Spitze der Unmenschlichkeit dem Erdboden gleichzumachen, um einen menschlichen Neubeginn heraufzubeschwören. Die Orte dieser Zerstörung müssen zurückgelassen werden, damit neues Leben, gesundes Leben nach vorn möglich wird. Die Geretteten müssen das Vergangene, Zerstörerische loslassen. Sie dürfen nicht mehr hinschauen, sie dürfen diese Bilder und Gedanken des Bösen nicht in sich mittragen.

Wer sich immer wieder an erlebte negative Ereignisse, Haltungen, Einstellungen etc. erinnert, hält sie wach. Wer das Belastende nicht hinter sich lässt, loslässt, kann zur Salzsäule erstarren, wie es mit Lots Frau geschehen ist. Sie konnte das Erfahrene nicht aus ihren Gedanken, aus ihrem Leben verschwinden lassen. Sie drehte sich um, sie blieb in Beziehung dazu, und damit verhinderte sie einen Neubeginn. Sie blieb erstarrt zurück, während die anderen ihren

Fokus in die Zukunft lenken und dadurch ein besseres Leben weiterführen konnten.

Für mein Leben kann das heißen: Wenn es mir nicht gelingt, meine inneren Antreiber, die kritischen und oft abwertenden Stimmen in mir, zu besänftigen und letztlich durch wohlwollendere Stimmen und menschlichere Sätze zu ersetzen, kann ich in meinem Wachstum erstarren. Ich bleibe im Negativen hängen, ich werde vielleicht sogar depressiv und lebensunwillig.

Es gilt herauszufinden, was mich unterdrückt, was mich gefangen hält, was unbarmherzig ist in mir, welche Gedanken, Bilder und Haltungen mich fesseln und am Leben hindern, und diese dann gezielt und konsequent durch Neuland zu ersetzen. Ein Neuanfang, ein Wiederaufbau ist jederzeit möglich, wenn ich mich auf mein positives Potenzial, das die Zukunft zu sichern hilft, fokussiere.

Als gläubiger Mensch kann ich mir einen Engel mit auf den Weg nehmen oder auch im Gebet bzw. Gespräch mit Gott den strategischen »Kampf« gegen meine inneren Widersacher antreten. Es geht darum, Negatives hinter mir zu lassen und Positives ins Leben zu holen und damit nach vorn in eine neue Zukunft zu schreiten.

## Grenzen stärken meine Zuversicht

In einer Begleitsituation sagt mir eine Frau, dass sie viele Ängste hat. Ich führe sie durch eine Imagination zu einer biblischen Krankenheilung. Sie soll in diese Geschichte gedanklich hineingehen, eine Person inmitten der Menschenmenge sein. Sie beobachtet, wie Jesus Kranke heilt, mit ihnen spricht. Und da geschieht das Unerwartete. Jesus wendet sich ihr zu und spricht sie an: »Was willst du, dass ich dir tun soll?« Sie hört in sich hinein und gibt Jesus ihre persönliche Antwort. Dann schaut und spürt sie hin, was Jesus sagt oder tut. Sie nimmt, was ihr aus dieser Begegnung heilsam erscheint, in ihren Alltag mit.

> *Fürchtet euch nicht und habt keine Angst!*
> *Seid mutig und stark! (Josua 10,25)*

Nach dieser Imagination frage ich sie, was sie erlebt hat. Sie erzählt Folgendes: Als sie Jesus bat, dass er ihre Seele beruhigen soll, war ihm diese Antwort noch zu ungenau. Er fragte nochmals, was sie von ihm will. Da erzählte sie ihm von ihren vielen Ängsten.

Sie teilte mir weiters mit, dass sie im Gebet schon so oft zu Jesus gesagt habe, dass sie ängstlich ist. Es hat ihr aber nicht geholfen. Darauf frage ich nach, ob es ihr hilft, wenn sie Jesus bittet, ihr die Ängste zu nehmen. Worauf sie berührt meint, dass ihr der Gedanke guttut, dass Jesus ihr die Ängste nimmt.

Nach der Begleitung hat diese Szene noch in mir nachgewirkt. Ich überlegte mir, was es bedeutet, wenn die Person jetzt im Gebet ständig den Satz wiederholt: »Jesus, bitte nimm mir meine Ängste!« Bei jeder Wiederholung ist das Augenmerk wieder auf das spezifische Wort und die Bedeutung dahinter gerichtet: Angst. Wenn sie aber immer neu das Wort *Angst* in den Mund nimmt, verfestigt sie sich in ihr.

Mir wurde bei diesem Gedankengang Folgendes klar: Es genügt nicht, darum zu bitten, dass die Angst weggenommen wird oder verschwindet. Die Angst muss ersetzt werden durch einen positiven, stärkenden Satz. Dieser soll sich in der Wiederholung im Gehirn, im ganzen Denksystem verfestigen. So formulierte ich eine neue Bitte: »Jesus, ich bitte dich: Stärke mein Vertrauen und meine Zuversicht.«

Wenn wir noch einen weiteren Schritt gehen, dann machen wir aus diesem kurzen Gebet eine Affirmation, d. h. eine Formulierung, die das Ziel bereits erreicht hat: »Ich vertraue! Ich bin zuversichtlich und stark!«

Die Wiederholung dieser positiven Affirmation bzw. Bekräftigung wird sich als Medizin erweisen. Täglich mindestens dreimal anwenden führt zum stärkenden Erfolg. So kann der teilweise diffusen oder unrealistischen Angst eine gesundheitsfördernde Grenze entgegengesetzt werden.

Das negative Gedankengut, die damit verbundene negative Stimmung und Ausrichtung soll durch Positives, Stärkendes ersetzt werden. Durch diesen bewussten Wortwandel setze ich der Wirkung des Negativen etwas viel Stärkeres entgegen: die positive Kraft der Bestärkung, des Vertrauens und der Zuversicht. Gibt es etwas Wirksameres als starkes Vertrauen und belebende Zuversicht? Die Liebe ist in beidem enthalten. Denn Vertrauen gründet in der Liebe und verstärkt sie. Und die Zuversicht setzt Hoffnung auf ein gutes Ende, auf einen guten Verlauf, auf die bedingungslose Liebe Gottes voraus.

Es wird gesagt, dass die Aufforderung Gottes *Fürchte dich nicht!* an die 365-mal in der Bibel vorkommt. Wenn wir das Negative konsequent mit Positivem ersetzen, dann müsste dieser Satz wohl auch neu übersetzt werden: *Hab Mut und vertraue! Ich bin bei dir!*

## Offene Grenzen weiten mich

Wer Grenzüberschreitungen erlitten hat, dadurch an Leib und Seele verletzt wurde, könnte sich deshalb zu sehr abgrenzen und damit auch isolieren. Es werden unter solchen Umständen dann eventuell allzu schwere Geschütze aufgefahren, um den eigenen Bereich zu schützen. Die Grenzen werden dichtgemacht, das Visier wird runtergeklappt. Die oder der andere bleibt im Regen stehen, zieht sich zurück, wird durch diese wohl unnötige oder übergroße Abwehrhaltung selbst verletzt.

Wer sich so übermäßig zu schützen versucht, könnte dadurch unberührbar werden, emotional wenig wachsen und sich wenig weiterentwickeln. Es könnte eine Verhärtung folgen, die beziehungsarm macht. Ist dies der Fall, dann kann professionelle Begleitung eine Rettung aus dieser verfahrenen Situation sein. Eine geistliche Begleitung, eine Lebensberatung oder auch eine psychotherapeutische Begleitung wäre hier für den weiteren Weg der persönlichen Entwicklung, Reifung und Heilung unterstützend und stärkend.

*Siehe, ich stehe vor der Tür und klopfe an.*
*Wenn einer meine Stimme hört und die Tür öffnet,*
*bei dem werde ich eintreten. (Offenbarung 3,20)*

Es kann geschehen, dass ich Grenzen überschreiten muss, die Tür zu meinem Herzen öffnen muss. Wenn ich meine eigenen Grenzen zu klein oder zu eng gesetzt habe, dann kann ich innerhalb des kleinen Raumes auch krank werden. Mein Denken bleibt klein, mein Handeln ist auch nur begrenzt. Es fehlt an Vielfalt und Wachstum. Es fehlt an Weite und Offenheit.

Es ist also Zeit, die eigene Grenze zu überschreiten. Zögerlich noch, behutsam, etwas ängstlich wohl, aber doch mit dem klaren Ziel: Ich möchte mich aus der Enge befreien! Ich möchte mich weiten und entfalten. Ich will kreativ sein, offen für neue Möglichkeiten! Ich will in die unendlichen Möglichkeiten hineinwachsen und mich dabei für Momente »unsterblich« fühlen.

Ich eigne mir eine andere Sprache an, ich reise, ich trete in Beziehung mit mir unbekannten Menschen und Kulturen. Ich mache neue Erfahrungen, probiere Neues aus! Ich überwinde Vorurteile, Ängste, Fixierungen und auch das eine oder andere Nein, das mir als Kind immer wieder gesetzt wurde. Ich bin selbstverantwortlich und selbstwirksam. Ich nutze meine mir innewohnenden Kräfte und Ressourcen. Ich sage ja zu Innovation, zur unbändigen Lebendigkeit in mir! Ich biete allem die Stirn, was mich lange eingesperrt, ausgegrenzt, kleingehalten, meiner Freiheit beraubt hat. Ich steige aus aus jeglicher Monotonie, Ausweglosigkeit, aus jedem Gefängnis, jeder Schuldzuweisung. Ich werde Ich. Ich bin Ich.

ausbrechen
aus allen Kerkern des einengenden Neins
ins Licht aller Möglichkeiten schauen
und daraus Energie ziehen
mich aufladen und entfalten
hinein in die Vielzahl meiner Schätze
aus meinem
Heiligen Bezirk

Grenzen sind lebensnotwendig, lebensfördernd, wenn sie gezielt, überlegt, achtsam, das Wertvolle schützend und bergend eingesetzt werden. Manche Grenze erblüht aber erst, indem sie überschritten wird – denn hinter vielen Grenzen wächst die Vielfalt.

## Ich schütze meinen Heiligen Bezirk

Es müssen keine Landminen, Panzer oder Gewehre eingesetzt werden, um meinen Heiligen Bezirk zu schützen. Auch Blumen können einen sicheren Bereich abgrenzen. Im Englischen heißt Grenze *border*. In der englischen Gartenkunst gibt es wunderbar gestaltete *borders*. Oft zieren sie Gartenmauern, nehmen ihnen die Härte und schenken ihnen eine florale Schönheit. Mit viel Kunst und Liebe werden diese Grenzbereiche zu Orten der Erholung, des sinnlichen Genusses. So gehegt und gepflegt, werden Grenzen zu Bereichen, in denen die Seele zur Ruhe kommt und Friede erfahrbar wird.

Vielleicht gelingt es mir heute, meine Grenze der Belastung und der Erholung freundlich, aufmunternd, mit Blumen zu setzen. Es gibt ein liebevolles Nein und ein stärkendes Ja. Es gibt diese wunderbaren bunten Grenzbereiche, in denen wir nicht ausschließen, sondern einladend leben können. Ich kann dabei so etwas wie »Ehrfurcht«, Dankbarkeit, Entspannung und Aufatmen spüren.

Heute gehe ich mit offenen Augen durch die Welt und schaue die vielen blühenden Grenzbereiche an. Dort will ich mich stärken lassen, Grenzen mit Blühendem zu verbinden und die Angst vor Mauern zu verlieren.

## Grenzen sichern die Erholung

Wenn ich meinem Pflichtbewusstsein, meiner Arbeitswut, meiner Routine und Gewohnheit eine vernünftige Grenze setze, kann ich endlich aus dem Hamsterrad aussteigen, meinen Füßen freien Lauf gönnen und meine Seele durchlüften.

> *Kommt mit an einen einsamen Ort,*
> *wo wir allein sind, und ruht ein wenig aus!*
> *(Markus 6,31)*

Der üppige, blütenreiche Garten ist ein wunderbares Bild für einen nahrhaften Grenzbereich. Wenn wir von so vielen Pflichten, Mühen und Sorgen geplagt sind, wenn uns wahrlich die Luft ausgeht und der Kopf nur noch brummt, dann ist es höchste Zeit, Abstand zu nehmen, die Perspektive zu wechseln, auszusteigen. Wegzugehen, den Standort zu wechseln, Distanz zum Problemfeld einzunehmen.

Das dazugehörige Bild ist für mich, die Wanderschuhe anzuziehen, den Rucksack mit dem Nötigsten zu packen, die Flasche mit Wasser zu füllen, die Wanderstöcke zu nehmen und loszumarschieren. Ich lasse den Großteil meiner Belastungen dort, wo sie dazugehören, und entferne mich davon. Einen Teil nehme ich in meinem Kopf immer noch mit. Beim Gehen aber kann es sich innerlich bewegen, sich entspannen und teilweise gar in Luft auflösen. Ich lege eine sichtbare Distanz zum Problem zurück, und wenn ich gar einen Berg besteige, lasse ich es unter mir. Ich sehe sogar, dass es kleiner wird und sich im großen Überblick vom Berggipfel aus relativiert. Ich werde befähigt, aus einer anderen Perspektive, aus der nötigen Distanz, manches klarer, entspannter, sachlicher und auch losgelöster zu sehen.

Dies ist eine befreiende Art und Weise, eine Grenze zu setzen und sie zu genießen! Hier oben bin ich dem Himmel und der Freiheit so nah – ich lasse mich auch von Gedankenspiralen und irrealen Ängsten nicht einholen. Hier oben bin ich befreit zum Leben, zur Lebendigkeit. Hier oben bin ich dem schöpferischen Geist unendlich nah. Wenn ich wieder zurückgehe, dann gewandelt und inspiriert.

am Gipfel meines Seins
erkenne ich befreit
wie losgelöst und verbunden ich bin

Auf den folgenden Seiten versuche ich, das Augenmerk auf die Selbstfürsorge und Selbstliebe zu richten. Jede und jeder von uns ist ein einmaliges, unüberbietbares Geschöpf Gottes, ausgestattet mit einer unveräußerlichen göttlichen Würde. Dies macht jedes Leben so unendlich wertvoll. Mein individuelles Leben braucht Zuwendung, Schutz und Fürsorge auf verschiedenen Ebenen: der körperlichen, der geistigen, der seelischen und der emotionalen Ebene. Wenn ich mir meines Wertes und meiner Würde, aber auch meines begrenzten Lebens bewusst bin, dann werde ich mich entscheiden, die Bedürfnisse dieser Ebenen zu stillen. Ich werde auf das achten, was meine Seele, mein Leib, mein Geist brauchen, um gesund und zufrieden zu sein. Und die Antwort darauf kann wohl nur sein, dass ich meine mir gesetzten leiblich-seelischen Grenzen achte und schütze.

Das bedeutet in der heutigen Zeit vermehrt, dass ich mich nicht dem Diktat der Leistungsmaximierung, des Vergleichens und Überbietens unterwerfe. Das bringt mit sich, dass ich immer neu meine Werte überdenke und mich am Sinn meines Seins orientiere und entsprechend Entscheidungen treffe, Haltungen einübe und Handlungen ausübe. Um diese lebensnotwendigen und lebensbereichernden Entscheidungen treffen zu können, braucht es regelmäßiges Innehalten, Reflektieren und Orientieren sowie Verinnerlichen.

Es braucht die regelmäßige Pause und belebende Auszeiten. Um diesen Raum in meinem Leben zu gewähren, werde ich immer wieder, immer neu angefragt sein, Grenzen zu setzen. Daher wird das Thema der Abgrenzung auch in den folgenden Kapiteln neu zur Sprache kommen.

# II

# Ich genieße die Pause

Jede Musikerin und jeder Musiker kennt neben den vielen unterschiedlichen Noten auch die Zeichen für Pausen. Diese werden genauso einstudiert wie die Notenwerte. Pausen werden vom ganzen Orchester genau eingehalten. Wer in die Pause hineinspielt, fällt auf. Auch wenn anderen geboten wird, keine bösen Blicke zum unfreiwilligen Solisten zu senden, so gibt es doch einen leisen Vorwurf – das Gesamtbild, die musikalische Schöpfung, wurde angekratzt.

Im Fasching spielen Musikkapellen bei Bällen oft auch Lustiges. Da gibt es Musikstücke, in denen bewusst falsche Töne gespielt werden müssen; es gibt falsche Einsätze, Disharmonien, und natürlich spielt auch jemand bewusst in eine Pause. Es klingt schräg, das Publikum hat etwas zu lachen.

Bei manchen großen Werken gibt es auch das Mittel der Zäsur. Da wird das Vorherige beendet, aufgelöst, oft in einer dramatischen Pause. Sie eröffnet Aufatmen, Durchatmen und Konzentration auf einen Neubeginn.

Jedes einzelne Leben verfolgt seine eigene Melodie. Bei jeder und jedem klingt das Leben anders. Verschiedene Harmonien, Disharmonien, unterschiedliche Takte, Tempi, kleine und große Besetzung, Solist/innen, Chöre, Paukenschläge, zarte und aggressive Töne. Das und vieles mehr bestimmt unseren Klang. Was jedoch mehr und mehr verlorengeht, sind die Pausen, die zum Atemholen da sind, zur Betonung einer Melodie, zur Lockerung der Anspannung oder zur Verschönerung des Werkes. Ja, die Pausen gehen uns immer häufiger ab, und wir galoppieren weiter. Manchmal so lange, bis das Leben oder der Körper eine unerwartete und zumeist ungeliebte Zäsur einbaut, uns quasi einen mehr oder weniger dramatischen Einschnitt aufzwingt.

Biblisch betrachtet ist die Pause, der Sabbat, ein göttliches Gebot, das die Wahrung der Gesundheit, der Balance, der Seelenruhe gewährt. Laut Schöpfungsbericht hat Gott zunächst sechs »Tage« lang ein unüberbietbares, kreatives Schaffen vollzogen. Gott gab sich ganz dieser Neuschöpfung allen Lebens hin, mit viel liebevollem Detail und großzügiger Fantasie. Dann aber gönnte sich Gott am siebten »Tag« die Pause, den Rückzug, die Regeneration. Dieser schöpferische Gott lehnte sich quasi zurück und betrachtete sein Werk voller Genuss aus der Distanz. Dabei hielt Gott wohlverdient inne, nahm das Geschaffene in sich auf, ließ es sich unter die Haut gehen und empfand sein Werk als sehr gut. Gott freute sich über das Gelungene.

In einer Zeit der stillen Betrachtung des entstandenen Werkes und aus der erholsamen Ruhe können auch wir Kraft für die neue Lebens- und Arbeitswoche schöpfen. Gott legt uns nahe, diese schöpferische Pause regelmäßig einzuhalten, um bei kreativen Kräften zu bleiben. Nur so können wir immer wieder in uns hineinspüren, was gerade hinter uns liegt, was in uns liegt und was ins Leben hineinkommen will. Wir sind aufgefordert, in regelmäßigen Abständen aus Energiequellen zu schöpfen. Nur so können wir bewusst Leben schaffen und gestalten, den Sinn unseres Daseins begreifen und in der Sinnhaftigkeit bleiben.

Beim Sammeln meiner Gedanken für dieses Buch bin ich intensiv bei der Pause, der Re-Kreation hängen geblieben. Ich erkannte, dass die bewusste Auszeit im Grunde alle Faktoren umfasst, ermöglicht, bewirkt, die zur Selbstfürsorge gehören. Somit gilt mein Augenmerk besonders der Wertschätzung der Pausen und Auszeiten in all ihren Variationen – als Mutterschoß und Hebamme jeglicher Selbstfürsorge und Selbstwertschätzung. Ich lade daher dazu ein, das Innehalten, das Atemholen, die schöpferische Pause ganzheitlich ins Leben zu integrieren, damit eine kreative und befreiende Melodie das eigene Leben erklingen lässt. Singen wir gemeinsam die Ode an die Pause!

## Ich entscheide mich, sinnstiftende Grenzen zu setzen

Was bedeutet »entscheiden« für mich? Welche meiner Bedürfnisse und Werte gilt es mit klaren Grenzen zu schützen? Aussortieren, Loslassen, Verzichten ist gefragt.

*Die Frucht des Loslassens*
*ist die Geburt von etwas Neuem.*
*(Meister Eckhart, ca. 1260–1328)*

### Ich übe das Loslassen ein

Loslassen ist oft mühsam. Solange ich festhalte, glaube ich, Halt zu haben. Ich vermute, dass ich die Kontrolle nicht verliere, solange ich an Gewohntem, Bewährtem festhalte.

Wenn ich etwas los- oder zurücklasse, kann ich mich verloren fühlen, unsicher, haltlos, orientierungslos. Veränderungen können mich aus dem Gleichgewicht bringen, mich ängstigen. Also wehre ich mich gegen das Loslassen, gegen Neues. Mit dieser Abwehr kann ich aber auch Wachstum, Wandlung, Entwicklung verhindern. Damit kann es in mir und um mich herum zur Verlangsamung von natürlichen Prozessen kommen und möglicherweise auch zu einem Stillstand.

Es braucht Mut, Willen, Visionskraft, aber auch die Sehnsucht nach Tiefe, Intensität, Weite, Transzendenz, um das Loslassen zuzulassen, um Neues zu begrüßen. Manchmal zwingt mir das Leben über äußere Begebenheiten, aber auch über Schmerzen und Krankheiten ein Loslassen, ein Ändern auf.

Ich werde gefordert, mich mit neuen Lebensumständen auseinanderzusetzen, mit Hindernissen umzugehen, mit Anforderungen fertig zu werden. Das Leben bleibt nicht stehen, es will bewegen, es drängt nach vorn, es gebiert (neue) Zukunft. Im Grunde zwingt mich das Leben immer wieder, das Los-Lassen einzuüben. Und oft, wenn ich genau hinschaue und hinspüre, werde ich entdecken, dass das Leben mich dadurch bereichert. Häufig wird mir dies jedoch erst aus der Distanz und in der Rückschau bewusst.

Neues klopft an
möchte in mir Wurzeln schlagen
wenn der Boden bereitet
kann es in mir keimen
wenn die zarte Pflanze bewässert
kann sie in den Himmel wachsen

Früchte erblühen
wo Zuversicht sie nährt

### Ich sorge für mich

Ich verankere mich mit beiden Füßen auf dem Boden.
Ich atme durch meinen Körper in diese Bodenberührung.
Ich bin mir des Halts unter meinen Füßen bewusst.
Ich stelle mir vor, wie aus meinen Füßen Wurzeln wachsen, die sich tief in die Erde bis zur Quelle vortasten.
Ich atme über meine Fußwurzeln in die Tiefe der Erde.
In dieser Tiefe schöpfe ich aus unerschöpflicher Quelle.
Diese Quelle erfrischt mich.
Mit jedem Atemzug nähre ich meinen Leib und meine Seele.
Das Wasser dieser Quelle erfrischt meine Lebendigkeit.
Ich versuche zu erspüren, was in mir an Leben vorhanden ist.
Ich versuche zu erahnen, was in mir wächst.
Ich versuche zu erfahren, was in mir erblühen möchte.
Ich nehme wahr, welche Früchte mein Leben bereichern möchten.
Ich nehme dies mit Dankbarkeit an.
Ich nasche von den Früchten und genieße deren Lebenssaft.
Ich spüre die Kraft, die in mir genährt wird.
Ich bin kraftvoll.
Ich nehme das Neuentdeckte zu mir.
Ich nehme diese Lebenskraft zu mir.
Ich danke für das Geschenk der Neuschöpfung in mir.

## Ich ermögliche Stille und Ruhe

Unsere Leistungsgesellschaft erhöht laufend den Druck: schneller, effektiver, intensiver, digitaler, maximaler, flexibler, innovativer … Alles Komparative, denen wir unser Schaffen und Leben unterordnen sollen, um marktfähiger und umsatzsteigernder zu sein. Der äußere Druck erhöht auch meinen inneren Druck. Die Ansprüche an meine Leistungen werden in mir ebenso nach oben geschraubt und von der Arbeitswelt ins Private, in die Freizeit übertragen. Auch dort gilt es maximal ausgelastet zu sein, ständig mehr zu tun, zu erfahren, zu leisten. So kann ein ganzes Leben zur einzigen Hast und Überforderung werden, in der ich mich verlieren und/oder auch erschöpfen kann.

> *»Gönne dir einen Augenblick der Ruhe und*
> *du begreifst, wie närrisch du herumgehastet bist.«*
> *(Laotse, 6. Jahrhundert v. Chr.)*

Ruhezeiten werden immer häufiger ausgeblendet, übergangen, missachtet, teilweise erneut mit Anforderungen angefüllt. Der Stille wird oft ausgewichen, weil sie womöglich aufzeigen könnte, dass in meinem Leben etwas schiefläuft. Im Grunde besteht die Gefahr, dass mich eine Dynamik gefangen nimmt, die mich von mir selbst entfernt, die die Distanz zu meiner inneren Stimme verschärft, weil ich den leisen Aufschrei in mir nicht hören will. Dieser Schrei würde mich nur einbremsen, aufhalten, zur Umkehr auffordern. Ich befürchte, dass ich nicht mehr konkurrenzfähig bin, wenn ich meinen inneren Aufschrei ernst nehme und mich mir fürsorglich zuwende.

### Ich sorge für mich

Ich halte inne.
Ich beruhige mein Denken, mein Hasten.
Ich schließe meine Augen.
Ich entspanne mein Atmen.
Ich atme ein, atme durch und atme aus.
Ich lasse mich beim Einatmen auffrischen
und lasse mit dem Ausatmen los:
Ich lasse den Druck los, der auf mir lastet.
Ich lasse die Stimmen los, die mich antreiben.
Ich lasse das Vergleichen los.
Ich lasse das Konkurrieren los.
Ich lasse das »Leisten-Müssen« los.
Ich lasse die Überforderung los.
Ich lasse die Außenbestimmung los.
Ich lasse die Unruhe los.
Ich lasse das schlechte Gewissen los.

*»Nur ein ruhendes Gewässer wird wieder klar.«*
*(Aus Tibet)*

Ich werde mit jedem Atemzug ruhiger und gelassener.
Ich komme mehr und mehr zu mir selbst zurück.
Ich fange an zu spüren, was mich bewegt.
Ich fange an zu erahnen, was mich nährt.
Ich fange an zu fühlen, was in mir lebt.
Ich fange an, mich selbst zu erleben.

Ich bin da.
Ich atme.
Leben ist in mir.

Ich bin lebendig.
Ich bin in mir lebhaft gegenwärtig.
Ein Anfang ist spürbar.
Hier, bei mir, will ich sein.
Mein Da-Sein genügt mir jetzt.

*»Um zu erfahren, wer du bist, lausche deiner Stille.«*
*(Japanisches Sprichwort)*

Ich bin in einem Raum, der schweigt,
damit ich selbst zur Sprache komme.
Um mich herum breitet sich Stille aus.
Ich höre meinen Atem.
Ich höre meine Gedanken.

Ich fange an, meine eigene Lebensmelodie zu hören. Ich halte es aus, dass diese Melodie moduliert, dass sie mal stärker, mal schwächer ist, mal romantisch und dann auch wieder dramatisch. Mal verspielt tänzerisch und dann auch wieder rockiger oder auch heavy. So sind Melodien eben: abwechslungsreich, einstimmig und vielstimmig, fröhlich und traurig.
In der Stille fällt mir diese wechselnde Stimmung, die Vielfalt auf. Mein Harmoniebedürfnis oder meine Freude an der Disharmonie kann mir bewusst werden. Die Stille eröffnet mir eine ganze Welt. In ihr kann ich mir selbst begegnen, meine Stimmungslage erkunden, sie benennen. In dieser lebendigen Stille kann ich entdecken, wer ich (auch) bin oder wer ich sein möchte. Denn die Vielfalt kann mich locken, neue Seiten an mir in Schwingung oder in Resonanz zu bringen.

Vielleicht entsteht aus der Stille meine neue
oder meine eigentliche Lebensmelodie.

still werden
lauschen
mich zärtlich annähern
dem was in mir aufbricht

mein Herz öffnen für das
was in mir nach Leben sucht
und von Verwirklichung träumt
was Melodien summt
und auf der Bühne meines Lebens
erwachen will

## In der Ruhe entdecke ich mich

Wenn es ruhig(er) wird in mir, kann ich mir selbst (neu) begegnen. Im entspannten Zustand kann mir auffallen, dass ich mich und meine Bedürfnisse oder Fähigkeiten aus den Augen verloren habe oder sie gar vergraben habe. Diese Erkenntnis kann schmerzen und mich traurig machen. Ich bin mir vielleicht sogar abhandengekommen.

Wer den Stimmen von außen mehr Bedeutung beimisst als der eigenen inneren Stimme, kann sich leicht von sich selbst entfremden. Dann kommt plötzlich Ratlosigkeit hoch, wenn ich gefragt werde, was ich brauche, was ich will. Die Ruhe um mich herum und in mir ermöglicht mir, mich selbst zu fragen, was mir verlorenging, was mir fehlt, was ich brauche.

Es braucht Mut und viel Verständnis für mich selbst, zuzugeben, dass mir etwas fehlt, dass ich auch bedürftige Seiten habe. Es braucht viel Versöhnungswillen mir selbst gegenüber, wenn ich mir durch meine Lebenskultur vielleicht sogar geschadet habe. Es braucht viel Disziplin und Konsequenz, um aus der Gewohnheit herauszutreten und neue Lebenshaltungen einzuüben.

Wenn ich mir selbst etwas bedeute, wenn ich mir selbst Gutes tun möchte, wenn ich meinem Leben mehr Tiefe verleihen möchte, dann werde ich den Mut, das Verständnis, den Versöhnungswillen und die konsequente Disziplin aufbringen: Immerhin geht es um mein Leben und eine gesunde Qualität des Seins.

- Welche Seiten an mir bewundere ich?
- Welche Fähigkeiten und Ressourcen habe ich aus den Augen verloren?
- Wie kann ich mehr Tiefe und Qualität in mein Leben integrieren?
- Welche kleinen, aber wirkungsvollen Schritte kann ich setzen, um ein wenig mehr zu werden, wer ich sein kann bzw. sein will?

da
unter mehreren Schichten
ruht sie
meine Einmaligkeit
meine Liebenswertigkeit
meine Bedürftigkeit
meine Zerbrechlichkeit
meine Ausbaufähigkeit

meine Lebendigkeit
meine Vielseitigkeit

wartet darauf
ins Leben geküsst zu werden
sich ausweiten und entfalten zu dürfen
wenn ich sie
mit beiden Händen
und ganzem Herzen
in die Gegenwart erwecke

Wenn ich mir selbst näherkomme, mich selbst annehme mit allem, was sich in mir meldet, dann werde ich bereit(er), mir selbst Zeiten zu schenken, in denen ich wieder Kontakt zu mir selbst und meinem Befinden aufnehme. Ich werde großzügiger mit kleineren und längeren Auszeiten, die mir guttun sollen und mich mir selbst schenken.

## Ich gönne mir regelmäßig Pausen und Auszeiten

### Kleinere bzw. kurze Pausen

Die wohl kürzeste Pause, die jedoch sehr effektiv ist, ist das Atmen. Ich besinne mich dessen, dass ich bewusst einatme, den Atem fließen lasse und wieder ausatme. Mein Atem reicht bis in meinen Bauch, oder, wenn ich noch intensiver atme, bis in die verschiedenen Organe oder Körperteile oder darüber hinaus bis in die Erde oder bis in den Himmel.

Ebenso leicht und schnell umgesetzt ist es, die Augen für Momente zu schließen und sich damit aus der Reizüberflutung und der Außenbestimmung herauszunehmen. Ich komme mit geschlossenen Augen bei mir selbst an, schütze mich vor äußeren Reizen. Ich tauche für Augenblicke unter, schau in mich hinein, bin ganz bei mir.

Aber auch mit offenen Augen kann ich mich aus der Routine ausklinken, indem ich z. B. bewusst aus dem Fenster schaue. Das ist besonders wirksam, wenn die Aussicht ins Grüne führt. Wenn dies nicht der Fall ist, dann kann ich ein Bild, ein Foto anschauen, das mich in eine positive Stimmung bringt, oder einen Gegenstand betrachten, der mir wohltut. Es ist nachgewiesen, dass schon ein Foto eines Baumes die Seele beruhigt und aufmuntert. Ähnlich bestärkend ist auch ein Foto eines geliebten Menschen oder Tieres oder meines Kraftplatzes. Ich tauche für Momente in eine wohlige Stimmung ein und unterbreche den Arbeitsfluss. Am Arbeitsplatz, besonders am Computer, ist es wichtig, alle 20 Minuten für mindestens 20 Sekunden den Blick in die Weite zu richten, um auch den Augen eine Entspannung zu ermöglichen.

Eine weitere Form der kurzen Pause ist es, den Arbeitsplatz für einige Minuten zu verlassen, ein Glas Wasser, einen Obstsaft oder einen (Kräuter-)Tee zu trinken. Genauso gesund ist es, wenn ich meinen Körper recke und strecke, gähne, mich selbst abklopfe, aufstampfe oder andere körperliche Bewegungen mache. Wer im Home-Office arbeitet, kann womöglich eine Runde im Garten spazieren gehen, ein paar Unkräuter zupfen und somit aus der »Computer-Haltung« herauskommen. Sehr entspannend kann es auch sein, ein Lied zu singen, zu einer Melodie zu tanzen, jemanden zu umarmen oder ein Tier zu streicheln.

Wenn ich ganz in der Ruhe bin oder in eine Tätigkeit ausübe, welche die Routine des Arbeitens durchbricht, wenn ich also achtsam in der Gegenwart bin, dann kann sich in mir ein Gefühl von Balance, Zentrierung und auch ein positives Lebensgefühl einstellen. Ich fühle mich wohl in mir, spüre mich, nehme meine Grenzen wahr, genieße den Augenblick und bin danach wieder frischer bei dem, was zu tun ist.

Was auch in die Stille oder in die Entspannung führen kann, ist ein Innehalten mitten im Tun, in der Bewegung, in der Erfüllung der Pflicht. Das Innehalten kann bedeuten, dass ich z.B. ein Gedicht aufsage, ein Gebet spreche oder eine positive und stärkende Affirmation wiederhole. Meine Konzentration ist ganz bei dem, was ich jetzt spreche, bete oder wiederhole. Ich bin für diese kurze Zeit an einem »Andersort«, in einer aufbauenden Stimmung.

### *Gott legt eine wohlverdiente Pause ein*

Menschen mit christlichen Wurzeln bzw. Menschen, die in unserem mitteleuropäischen Umfeld aufgewachsen sind, haben oft gelernt, dass sie über ihre Leistung geliebt und angesehen werden. Bedingungslose Liebe ist vielen von uns nicht wirklich vertraut. Wir arbeiten bis zum Umfallen oder bis zur Krankheit. Wer sich an Gott orientieren will, hat oft gehört, dass wir allen dienen, allen alles werden müssen, unsere eigenen Bedürfnisse hintanstellen oder gar vernachlässigen müssen. Diese Prägung hat uns leider geschadet. Wir haben gelernt – und sind dafür gelobt worden –, dass wir uns selbst nicht so wichtig nehmen, aber die Bedürfnisse anderer befriedigen sollen. Und diese Praxis ist uns als Nächstenliebe und christliche Gesinnung ans Herz gelegt worden. Bei Gott ist das aber anders gemeint.

*Denn wer in seine Ruhe eingegangen ist,*
*ruht auch selbst von seinen Werken aus,*
*wie Gott von den seinigen.*
*(Hebräer 4,10)*

Gott hat uns eine andere Haltung vorgelebt, so berichtet jedenfalls das Alte Testament, wenn es bilderreich von der Erschaffung der Welt erzählt:

*Am siebten Tag vollendete Gott das Werk,*
*das er gemacht hatte, und er ruhte am siebten Tag,*
*nachdem er sein ganzes Werk gemacht hatte.*
*Und Gott segnete den siebten Tag und heiligte ihn;*
*denn an ihm ruhte Gott,*
*nachdem er das ganze Werk erschaffen hatte.*
*(Genesis 2,2–3)*

Biblisch betrachtet gibt es da also eine andere Botschaft. Gott arbeitet und erschafft die Welt an sechs Tagen, am siebten Tag aber ruht Gott sich aus, betrachtet das Geschaffene, geht mit ihm in Beziehung und genießt das gute Ergebnis. Selbst wenn dies bildlich zu verstehen ist, ist die Aussage eindeutig: Nach getaner Arbeit habe ich einen Ausgleich verdient. Es gibt auch das Entspannen, das Ausruhen und das Genießen. Ich genieße, was mir gelungen ist, was ich geschafft habe. Ich nehme die Schönheit der Schöpfung und des Geschaffenen ganzheitlich wahr – und bleibe selbst genießbar. Die Ruhe wird zur Quelle des Lebens, zur Quelle der Rekreation.

du Quelle des Lebens
mit deinem Wasser getränkt
wandle ich mich
zu edelstem Wein
verschwende mich
in überschwänglichem Genuss

genießbar
mache ich dir alle Ehre
über meinen Horizont hinaus

Gott segnete und heiligte den siebten Tag, den Tag des Ruhens und Genießens. Ein Segen liegt auf der Ruhepause, der Auszeit. Der Zustand des Segens bedeutet, dass es Gott wohlgefällt, wenn wir uns Zeit zur Entspannung, Erholung und zur Reflexion nehmen; zurückschauen auf die letzten sechs Tage, hinschauen auf das, was erschaffen wurde, gelungen ist, und es ans Herz nehmen, es verkosten, es verdauen, es würdigen.

Der Segen bringt Fülle, Wohlstand, ein Sicherheitsgefühl, Wohlwollen, Zustimmung und Bejahung von Gott selbst. Ich darf also ruhen, ich darf mich zurückziehen, ich *soll* mich sogar schonen und meine Kräfte und meine Seele auftanken. Wenn ich dies tue, wenn ich diese Zeiträume wirklich lebe, dann sind dies heilige Zeiten. In dem, was heilig ist, liegt Heil. Wenn ich mich im Zustand des Heils befinde, bin ich gesund, zufrieden, ganz und geborgen. Gott bejaht mich, wenn ich also scheinbar nichts tue, wenn meine Hände im Schoß liegen, wenn ich meine Kräfte wieder aufbaue und meinen Fokus auf das Hier und Jetzt lenke. Ich bin ganz heil, wenn ich (in mir) ruhe.

- Wie gestalte ich meine Ruhezeiten?
- Was ist für mich ein Genuss?
- Wie bleibe ich selbst genießbar?
- Gibt es Bereiche in mir, Einstellungen, Haltungen, die sich zu meinen Gunsten wandeln sollten?
- Was könnte diese »Wandlung« ermöglichen, unterstützen?

### Mittelfristige Erholungsphasen

Mitunter kann es sein, dass ich meine Reserven aufgebraucht und den leeren Tank nicht rechtzeitig aufgefüllt habe. Um in diesem Bild zu bleiben: Ich bin am Straßenrand liegen geblieben und muss jetzt abgeschleppt werden. Kein Saft mehr in mir, keine Motivation mehr, Stillstand oder Nur-noch-Funktionieren im ersten oder zweiten Gang.

Dieser Ermüdungszustand kommt in den letzten Jahrzehnten leider gehäuft vor. Manche Menschen schaffen es zwar oft noch quasi in letzter Minute, auf dem Reservereifen weiterzufahren, aber eine Vielzahl ist nur noch eingeschränkt einsetzbar: Sie fühlen sich leer und platt, funktionieren vielleicht noch eine Zeit lang, aber die Freude ist auf der Strecke liegen geblieben.

Um sich wieder in die Kraft zurückzuholen, braucht es in diesen Zeiten des Durchhängens dringend entspannende Phasen, wenn möglich mehrere Tage am Stück abseits der Arbeitsrealität. Ein verlängertes Wochenende, das z. B.

durch Wandern, Radfahren, Schwimmen, Skifahren oder mit kreativen Tätigkeiten Abwechslung bringt, wäre ideal. Hier können Körper und Geist in eine Balance kommen. Viele ziehen der sportlichen oder schöpferischen Tätigkeit jedoch ein Wellnessprogramm vor. Auch das kann ins Gleichgewicht führen. Kurzurlaube mit kulturellen Highlights können ebenso eine Wohlspannung ermöglichen.

Der Trend der letzten Jahre brachte manche Erschlaffte auch zu stillen Tagen ins Kloster. Rückzug, digitaler Detox, Einfachheit und Zentrierung auf das Wesentliche in einem besonderen Umfeld, das zieht an und stärkt. Dies kann auch spirituell wieder neu orientieren oder Zeit verschaffen, dem Wesentlichen nachzusinnen.

Eine weitere Möglichkeit des Auftankens sind regelmäßige, wenn auch zeitlich kurze Auszeiten, die in den Tages- oder in den Wochenablauf eingebaut werden. Sie benötigen nicht so viel Vorbereitungszeit, kosten insgesamt weniger und sind überschaubar. Sie können, wenn sie wirklich praktiziert werden, schnelle Abwechslung und Ablenkung mit positiver Wirkung bieten. Damit sind z. B. Chorproben, Fitness-Stunden, Radtouren, Wanderungen, Joggen oder Walking-Touren, Gartenarbeit, Holzhacken, Rasenmähen, Kochen, Stricken, Malen etc. zu festen Zeiten gemeint.

Mindestens so wichtig sind aber Zeiten, die mir allein, die mir und meinem Partner bzw. meiner Partnerin, die mir und meiner Familie gehören. Es ist ratsam, diese Zeiten jede Woche in den Kalender einzutragen – mit besonders auffälliger Farbe! –, damit sie unter den vielen Arbeitsterminen nicht übersehen oder übergangen werden. Wenn ich mich an diese Zeiten konsequent halte, dann werden dies auch die anderen Menschen in meinem Umkreis tun. Hier geht es – wie bei so vielen Dingen oder Terminen – darum, was mir wichtig ist und wie sehr ich diese Zeiten *verteidige* und *würdige*. Hilfreich ist es, sich solche Termine immer am gleichen Tag zur gleichen Zeit einzuplanen. Alles, was ritualisiert wird, wird ernst genommen.

Dazu fällt mir die Stelle aus dem »Kleinen Prinzen« von Antoine de Saint-Exupéry ein: »Es muss feste Bräuche geben.« Auf feste Zeiten können sich alle Beteiligten im Vorfeld einstellen und sich schon im Voraus darauf freuen.

> *»Es muss feste Bräuche geben.« »Was heißt ›fester Brauch‹?«, sagte der kleine Prinz. »Auch etwas in Vergessenheit Geratenes«, sagte der Fuchs. »Es ist das, was einen Tag vom andern unterscheidet, eine Stunde von den andern Stunden.«*

Die Bereitschaft, sich dann wirklich zu begegnen oder sich offen und ehrlich einzulassen, ist dann viel größer, als wenn kurzfristige Termine eingeschoben werden. Es fällt allen auf, die sich dann schnell auf diesen Termin einstellen sollten, dass der Termin eigentlich nicht eingeplant war. Das Gefühl, das in solchen Begegnungen dann unterschwellig vorhanden sein kann, ist ein vielleicht gar bitteres: *Ich bin es dir also nicht wert, dass du mich fest einplanst, mit mir Zeit verbringen willst?! Alles andere ist wohl wichtiger als der Austausch und die gemeinsam verbrachte Zeit?*

Auch wenn es nicht ausgesprochen wird – ein übler Beigeschmack bleibt zurück und kann, wenn es öfters vorkommt, auch zur Distanz oder zum Bruch führen: in Partnerschaften genauso wie in Freundschaften. Dass Familien sich nur noch selten begegnen, dass sie auch immer weniger gemeinsam miteinander essen und reden, ist wohl keine Ausnahme. Dem gilt es entgegenzuwirken, denn es braucht Anker und sichere Häfen auch für Schnellboote und große Dampfer.

### Längere Auszeiten und Sabbatjahre

Wer permanent an der Grenze oder knapp darüber arbeitet und lebt, wer ständig auf der Überholspur der Autobahn dahinspurtet, kann irgendwann auch einen Crash produzieren. In einen Unfall sind oft mehrere verwickelt und es gibt zumeist Verletzte, die wieder zusammengenäht werden müssen.

Das Leben ist für viele zur Fahrt auf der Autobahn geworden. Der Fuß klebt auf dem Gaspedal. Auf Autobahnen gibt es kaum mehr Entscheidungen zu treffen, maximal dort, wo auf- oder abgefahren wird. Selbst die Raststätten werden nur selten angefahren. Die Umgebung rauscht vorbei, Details und Ruhepole werden nicht mehr wahrgenommen. Niemand lässt sich gern ausbremsen oder überholen. Schnell ans Ziel zu kommen, heißt die Devise.

Neben der Autobahn findet das eigentliche Leben statt. Hier gibt es romantische Ausblicke, natürliche Umfelder, Lebensmittelläden, Kirchen, Museen, Naturparks, Fitness-Zentren u. v. m. Es gibt steile, flache, kurvige Straßen; selbst Sackgassen und Einbahnstraßen gibt es. An vielen Straßenecken muss eine Entscheidung getroffen werden, wohin die Reise geht.

Aber wer hat schon Zeit, sich dem Leben zu stellen, die Vielfalt zu genießen? Wer kann es sich noch leisten, mit vielen verschiedenen Eindrücken beladen *später* am Ziel anzukommen?

Wer sein Leben auf der Autobahn und mit der Höchstgeschwindigkeit verbringt, wer vorgespurte Wege schnellstmöglich befährt, kann am eigentlichen Leben vorbeirasen. So ein Leben erschöpft, oder es fühlt sich plötzlich ungelebt, einfärbig und schal an. Wer das zu spüren beginnt und den Zustand ernst nimmt, wird wohl die Weichen neu stellen müssen. Eine Umstellung der Gewohnheiten ist angesagt.

In solchen Phasen der Leere oder des bloßen Funktionierens ist ein sicherer Abstand und/oder eine längere Erholungsphase notwendig. Es dauert auch im Urlaub oder auf Kur bis zu drei Wochen, bis ein erschöpfter Mensch bei sich selbst wieder ankommt. Wohl nur wenige von uns haben drei oder gar vier Wochen durchgehend Urlaub. Aber das wäre nötig, um die Reservekanister aufzufüllen und wieder mit genügend Sprit oder Spirit weiterleben zu können.

### *Verschiedene Möglichkeiten des Auftankens oder einer neuen Weichenstellung*

Mitentscheidend ist wohl die Frage, ob ich noch in der Lage bin, mein Leben selbstbestimmt in die Hand zu nehmen und zu gestalten, oder ob ich bereits so erschöpft bin, dass Fachärzt/innen für mich entscheiden müssen. Wenn ich krankgeschrieben bin, dann braucht es wohl einen Aufenthalt in einem medizinischen Umfeld. Häufig wird es sich um wochenlange oder gar monatelange Aufenthalte in psychosomatischen Kliniken handeln.

Wer aus einem christlichen Umfeld kommt, hat vielleicht die Möglichkeit, sich z. B. im Recollectio-Haus in Münsterschwarzach für drei Monate spirituell und therapeutisch begleiten zu lassen. In beiden Umfeldern wird der Patient bzw. Gast professionell und stärkend so begleitet, dass krankmachende Gewohnheiten oder Einstellungen therapeutisch angeschaut und über praktische Übungen mit gesunden ausgeglichen werden.

Sowohl im Zustand der psychischen und/oder körperlichen Erschöpfung als auch bei allgemeiner Ermüdung ist es von besonderer Wirkung, wenn das tägliche Umfeld vorübergehend verlassen und an einem neuen Ort neues Verhalten eingeübt wird. Die gute Distanz zur bisherigen Lebenssituation verstärkt einen gewinnbringenden und lebenswichtigen »Umgewöhnungseffekt«.

Wenn ich also selbstbestimmt entscheide, dass ich so wie bisher nicht mehr weiterarbeiten und/oder weiterleben möchte, dann ist es wichtig, dass ich mich aus der bestehenden Situation herausnehme. Ein Perspektivenwechsel ist gefragt. Manche schwierigen Situationen oder Umstände können zum Teil wirklich nur durch »Los-Lösung«, Abstand oder gar Trennung verändert werden. Um zu einer Entscheidung zu kommen, ob etwas an Ort und Stelle oder mit den besagten Personen zum Besseren zu wenden ist, kann es eine Supervision oder eine systemische Aufstellung benötigen.

Wenn klar ist, dass ich die aktuelle Situation (wenigstens für einige Zeit) verlassen muss, um mir ein neues Verhalten oder mehr Gesundheit zu ermöglichen, dann sind folgende Wege dabei unterstützend, mich neu zu erfinden.

### Mögliche Lösungen am Arbeitsplatz

- Arbeitsrechtlich gibt es abhängig vom Staat oder vom betrieblichen Umfeld verschiedene Rechte und Möglichkeiten. In Österreich ist es zumeist möglich, eine Bildungskarenz oder eine Bildungsteilzeit oder gar ein Sabbatjahr in Anspruch zu nehmen.
- Es gibt zum Teil die Möglichkeit, neun Monate zum Dreiviertel-Lohn Vollzeit zu arbeiten. Dafür können dann zum selben Lohn drei Monate arbeitsfrei sein.
- Manche Institutionen fördern ein freiwilliges soziales Jahr.
- Für Student/innen können Auslandssemester vielversprechend sein.
- In manchen Firmen kann unbezahlter Urlaub oder das Home-Office eine Möglichkeit sein, um einen Tapetenwechsel zu machen.
- Es gibt auch die Option, die letzten fünf Dienstjahre in der Alters-Teilzeit zu arbeiten.
- Teilweise reicht es zur Motivation, innerhalb der gegebenen Dienststelle eine neue Aufgabe anzunehmen oder eine Weiterbildung zu machen. Gerade Praxiszeiten außerhalb des eigenen Betriebs können neue Blickwinkel eröffnen und fruchtbar sein.

### Mögliche individuelle Lösungen

- In den letzten Jahren hat das Pilgern sehr stark zugenommen. Der Jakobsweg, der durch viele europäische Länder führt, ist sehr beliebt. Es gibt aber auch andere Fernwanderwege, die

durch Europa führen. Zu Fuß oder mit dem Rad kann ich allein oder mit einer gleichgesinnten Person frei unterwegs sein. Einfach leben, auf die eigenen Kräfte vertrauen und das Leben von einer neuen Seite betrachten. Hierzu braucht es jedoch eine kräftige Gesamtkondition.
Auf dem Weg begegne ich mir selbst in schönen, herausfordernden, teilweise sogar abenteuerlichen Situationen und lerne mich und meine Weggenoss/innen wahrscheinlich neu kennen. In Bewegung kommen dabei nicht nur meine Füße, sondern auch meine Gedanken und meine Weltsicht. Neue Perspektiven und Ideen können sich dabei formen und ich lerne auch, mich dem Leben neu zu stellen, aus Gewohnheiten auszusteigen und leichtfüßiger unterwegs zu sein.

- Wer sich tief mit der Natur verbunden weiß, kann einen Sommer auf der Alm verbringen. Auch diese Form der Auszeit ist recht attraktiv geworden. Dabei können neue Fertigkeiten gelernt und einfaches Leben eingeübt werden. Geist und Körper werden erfrischt und die Distanz ist schon durch das Leben auf den Bergen gegeben.
  Hier oben gibt es kaum ein virtuelles Netzwerk, die ständige Erreichbarkeit ist selten gegeben. Hier werden Werte und Prioritäten im Leben neu definiert und eingeübt.
- Im christlichen Umfeld gibt es die Option der dreißigtägigen Exerzitien. Ein Aufenthalt zumeist in einem Kloster unter spiritueller Begleitung – aber ansonsten vorwiegend im Schweigen – führt mich

zu mir selbst zurück. Eingebettet in ein spirituelles Umfeld, angereichert mit biblischen Texten und einer klaren Tagesstruktur, können Lebensentscheidungen fallen, die eine Neuorientierung mit sich bringen.
- Aus dem Umfeld der Native Americans sind Vision Quests in verschiedenen Variationen übernommen worden. Im Wesentlichen geht es auch hier darum, auf sich selbst geworfen, mit der Natur als Gegenüber, die eigene Bestimmung, die persönliche Berufung oder den einzuschlagenden Weg im Leben aus der eigenen Mitte heraus zu finden.

Diese Aufzählungen sind nicht annähernd vollständig; sie sollen einfach den Mund wässrig machen und die Vielfalt der Auszeitmöglichkeiten in den Blick nehmen. Wichtig ist wohl nur dies, dass jede und jeder rechtzeitig vom Gas runtergeht, auf die Bremse tritt und das Auto bewusst einparkt. Aussteigen, sich auf die eigenen Beine stellen und den eigenen Weg persönlich gestalten – und dann auch wirklich gehen. Weg vom Automatismus, von der oft stupiden Routine, raus aus dem Hamsterrad oder weg von Reizüberflutung, ständiger Erreichbarkeit und Einsetzbarkeit. Raus aus der Überforderung und raus aus den Überstunden.

Ich habe nur diesen einen Körper, diese eine Seele, dieses eine Leben! Und dieses Einmalige, dieses Brüchige und Bruchstückhafte gilt es zu erkennen und zu lieben. Dazu braucht es – wie beschrieben – Zeit für Ruhe, Selbstreflexion und Umkehr.

*Geh Wege, die noch niemand ging,*
*damit du Spuren hinterlässt.*
*(Antoine de Saint-Exupéry, 1900–1944)*

## Schöpferische Pausen

Kreativität ist eine besondere Gabe, die sich schöpferisch ausdrückt. Da ist eine Energie in uns, die sich zeigen möchte. Bilder, die in meiner inneren Welt entstehen, wollen greifbar, fassbar werden. Etwas Geistiges will sich materialisieren, verewigen in der sichtbaren Welt. Wir können mit den Händen, mit dem Geist, mit dem Körper, mit Materialien schöpferisch sein.

Da ist eine Schaffenskraft in uns, die sich über verschiedenste Weisen ihren Weg bahnt. Jedoch nur dann, wenn sie nicht in ihrer ursprünglichen Kraft gebremst, kontrolliert oder gar unterdrückt wird. Als Kind ist sie in uns zumeist vorhanden und sucht ihre Formen: spielerisch, natürlich, spontan, oft ungebremst und ausdrucksstark. Im Laufe des Lebens geht diese Gestaltungskraft vielen von uns verloren, bleibt auf der Strecke oder wird auf bestimmte Wege umgeleitet. Zurück bleibt manchmal wohl der Eindruck, dass keine Kreativität vorhanden ist oder kein Mut, sie wiederzubeleben. Dabei muss die bzw. der Einzelne auf viel Lebensfreude und Freiheit verzichten. Dies kann für das Umfeld oder gar die Gesellschaft ein großer Verlust sein. Wenn Kindern oder Heranwachsenden einmal oder mehrmals eingeredet wird, dass sie nicht singen, malen, schreiben, nähen, tischlern, Fußball spielen etc. können, lassen sie dies zumeist sein, schämen sich später für ihre Unfähigkeit und lassen diese Seiten in ihnen verkümmern. So ausgebremst, kann ihre schöpferische Kraft und mit ihr vielleicht sogar die Lebensfreude versiegen.

Nicht jede/r von uns ist ein geborener Pablo Picasso, eine geborene Maria Callas. Manchen Künstler/innen wurde ihr individueller Weg sehr schwer gemacht. Wenn ich die Bilder von Vincent van Gogh betrachte, deren Strahlkraft und Ausdrucksstärke, ihre intensive Tiefe, dann macht es mich sehr nachdenklich, dass er abgelehnt und kritisiert, abgestempelt und missachtet seinem Leben ein Ende setzte. Was wäre noch alles möglich gewesen, wenn er die Liebe, die er in seine Kunst investierte, auch nur ansatzweise von seinem Umfeld und von sich selbst erhalten hätte? Leider war er ein verletzter und zutiefst verunsicherter Mensch, sodass auch er selbst sich jene Anerkennung nicht geben konnte, die er für seine Lebensenergie so nötig gehabt hätte.

Wie vielen von uns ergeht es wohl ähnlich wie Vincent van Gogh und anderen künstlerisch Begabten? Die ersten Versuche werden abgelehnt, kritisiert, negativ bewertet, ignoriert, unterbunden – und damit wird das spielerische Potenzial im Keim erstickt. Vorbei der Traum, das Leben geht ab jetzt die vorgegebenen Bahnen.

- Was habe ich heute oder in letzter Zeit oder in meinem Leben schöpferisch geschaffen?
- Wie habe ich meinen Entdeckergeist als Kind, als Jugendliche/r ausgedrückt?
- Welche kreativ-schöpferischen Möglichkeiten stecken in mir?
- Welche Ausdrucksweise entspricht mir am meisten?
- Wie habe ich dieses Potenzial in mein Leben integriert?

Farben und Formen
Melodien und Bilder
schlummern in mir
fangen an mich zu bewegen
nehmen mich in ihren Bann
wollen ins Leben
ich lasse mich packen
gebe mich ihnen hin
und entdecke
eine Vielfalt
die mich bereichert
und befreit

In schöpferischen Pausen bzw. Phasen liegt ein Potenzial, das mich befreien kann. Wenn es mir gelingt, aus der gewohnten Routine auszusteigen, den Fluss der Pflichten zu unterbrechen, kann etwas Ungeahntes ins Leben treten. Ich steige aus: aus Gedankenspiralen, aus dem Leistungsdenken, aus dem Kontrollzwang, und nehme meinen Freiraum in Besitz.

Ich erlaube mir, mich einem Tun oder einem Sein hinzugeben, das mich wieder meinem ursprünglichen spielerischen Kind annähert. Ich erlaube es niemandem, auch nicht meinen inneren Kritikern, diese Freiheit zu beschneiden, mich durch (eigene) nörgelnde oder eingrenzende Bemerkungen zu stoppen. Ich will mein Potenzial wieder ins Leben holen und mir selbst in meiner Schöpferkraft begegnen. Ich will mir den Raum eröffnen, in dem ich meine uneingeschränkte Schaffenskraft lebendig werden lasse – zügellos.

So kann eine Frau, die ihre ursprüngliche Karriere den Kindern und der Familie zuliebe hinter sich ließ, wieder zum Pinsel greifen und nach jahrelanger Abstinenz sich ihrer inneren Sehnsucht malend annähern. So kann ein Mann, der an seiner Karriere gebaut und die Familie ernährt hat, wieder zur Gitarre greifen und die Akkorde zu seinen Lieblingsliedern spielen. So kann eine Frau nach getaner Arbeit endlich allen Mut zusammennehmen und sich einer Bauchtanzgruppe anschließen. So kann ein Mann zum Ausgleich einen Kurs belegen, in dem er seine grafischen Fähigkeiten endlich auch technisch einzusetzen lernt.

Wenn ich mich nicht generell auf einen Weg einlassen will oder kann, der meine kreativen Fähigkeiten aufgreift oder ausbaut, so kann eine kleine Abwechslung häufig doch leicht in den Tagesablauf eingebaut werden. Ich nehme mich für kurze Zeit aus dem normalen Ablauf heraus. Ich unterbreche gezielt meine Tätigkeit (besonders dann, wenn sie mich über Stunden in derselben Körperhaltung hält) und tue etwas ganz anderes. Wenn ich ständig auf den Beinen bin, dann kann Sitzen oder ein kurzes Power Nap entlasten. Wenn ich stundenlang auf den Bildschirm schaue, dann stehe ich regelmäßig zwischendurch auf und lasse meine Augen in die Ferne schweifen oder schließe die Augen für eine Weile, schaue nach innen. Wenn ich viel denken, kalkulieren, rechnen, schreiben muss, dann unterbreche ich diese anspruchsvolle und ermüdende Denkarbeit, indem ich mit meinem Kind, meinem Hund, meiner Katze spielerisch herumtolle und mich dabei lässig austobe.

Nach einem langen Arbeitstag, der meinen Körper und meinen Geist in Beschlag genommen hat, mache ich einen

Spaziergang, eine kurze Runde auf dem Rad, ein paar Längen im Becken oder im See. Ich greife zu Rechen und Hacke und gehe in den Garten, um mich dort zu betätigen, oder ich lasse auf einer Bank, im Liegestuhl oder in einer Hängematte meine Seele baumeln.

Sollte ich mich ständig mit viel Verantwortung und Denkarbeit betätigen, dann kann ein leichter Roman, der mich in andere Länder oder Lebensbereiche führt, ein toller Ausgleich sein. Er kann meinen Blick auf die Leichtigkeit des Seins oder in ferne Kulturen entführen, meinen Horizont spielerisch erweitern.

Menschen, die gewohnt sind, Ergebnisse zu bringen, und die auch Resultate sehen wollen, können zur Stricknadel greifen und etwas aus Wolle fertigen, das sie erfreut. Handarbeiten in jeglicher Ausführung (nähen, häkeln, töpfern, mit Holz oder Steinen arbeiten, werken oder basteln, Bäume pflegen oder Oldtimer in Schwung bringen etc.) fokussieren die Gedanken und die schöpferische Kraft auf ein Ziel, das fernab der Routine und der gesellschaftlichen Ansprüche sein kann.

Natürlich gibt es keinen Zwang, *tätig* sein zu müssen. Es liegt sehr viel Kreativität in Tagträumen, im Imaginieren, im Meditieren, im Visionieren. Ich lasse meinen Geist wandern, wohin er will. Ich verliere mich in Bildern aus Erlebtem, Phantasiertem oder Herbeigesehntem und erschaffe eine neue Wirklichkeit. Ich träume mich an einen Ort, der mir wohltut. Ich erschaffe mich darin als Heldin, als Held, als Befreite, als Befreiender, als Geheilte und als gereifte Persönlichkeit. Und belebe und inspiriere mich auf dieser inneren Reise.

ich tauche unter
im Meer meiner Sehnsüchte
bis auf deren Grund
und erschaffe mich neu

im Eintauchen erwache ich
zum Ausdruck
innerer Vielfalt

neugeboren
erfinde ich mein Leben
aus der Kraft meines Urgrunds
und werde ganz

Wo mein Fokus ist, findet mich mein Weg. Wenn mein Fokus auf der Leistung und der Erfüllung der Normen liegt, werde ich Wege finden, die mich pflichtbewusst und bestimmt entsprechende Ziele erreichen lassen: nicht rechts, nicht links geschaut und am Ende vielleicht unerfüllt am fragwürdigen Ziel angelangt.

Ist mein Fokus auf meine Sehnsucht, meine innere Welt gerichtet, dann finde ich wohl Wege, die mich auch in die Umsetzung meiner kreativen Fähigkeiten führen. Das bedeutet nicht, dass ich Pflicht und Verantwortung hinter mir lasse, ignoriere oder negiere. Es kann bedeuten, dass ich in meiner Lebensplanung Freiräume einbaue und einhalte, in denen ich auch meine spielerischen Seiten ins Leben bringe. Ich gebe mir die Möglichkeiten, meine Leichtigkeit und Lebendigkeit zu entfalten, mir meine ursprüngliche Persönlichkeit zu bewahren und darin besonders wirksam und lebensfroh zu bleiben.

- Was für eine Ausstrahlung und Wirkkraft haben Menschen, die besonders kreativ und authentisch sind?
- An welche lebensfrohen und lebensbejahenden Menschen kann ich mich erinnern?
- Was haben/hatten sie für eine Auswirkung auf mein Leben?
- Wie fühle ich mich, wenn ich mir die Freiheit schenke, mich schöpferisch und spielerisch auszudrücken?
- Welche (verborgene, vergessene) Kraft des Gestaltens will in mir lebendig sein?

## Wege, mich und mein Leben zu reflektieren

Was unterscheidet mich von meiner Katze? Sie wird wohl kaum darüber nachdenken, was sie gestern gemacht hat und welche Auswirkungen es hat, wenn sie dies oder jenes tut oder unterlässt. Vermutlich gibt es bei ihr auch keine Planung, was ihre nächsten Tage und darüber hinaus betrifft. In anderen Worten, sie reflektiert nicht, sie singt keine Lieder und schreibt keine Berichte. Vielleicht ist ihr Leben dadurch weniger kompliziert als meines.

Ein Mensch denkt, studiert, sinnt nach, grübelt, plant, analysiert, reflektiert, »verkopft« sich, verliert sich in Gedankenspiralen oder verdrängt, verleugnet, vergisst etc. Wir benutzen im Allgemeinen unsere Denkkapazität bis zur Belastungsgrenze und oft auch darüber hinaus. Wir können uns in Themen vertiefen, hineinsteigern, uns von ihnen abspalten. Manche von uns arbeiten an sich; manche setzen sich kaum mit sich selbst, oft aber mit anderen (zu) sehr auseinander.

Um sich nicht in Konflikten, in Beziehungen, in Pflichten oder gar im Leben zu verlieren, ist es sehr stärkend, wenn wir uns mit anderen austauschen und auch Persönliches besprechen. Dies ist in Partnerschaften und freundschaftlichen Beziehungen nötig, um sich nicht voneinander zu entfernen, um die eigenen Bedürfnisse und die der anderen nicht aus den Augen zu verlieren, aber auch, um Wachstum zu ermöglichen.

In Krisenzeiten, Umbruchszeiten oder Zeiten des Abschieds, der Trennung sowie des Neubeginns kann eine professionelle Begleitung mitunter lebensentscheidend sein. Geistliche Begleitung, psychologische Lebensberatung, Supervision, Coaching und Psychotherapie sind professionelle Wege des Reflektierens und der Stärkung. Dabei geht es nicht immer darum, alte Wunden oder Traumata aufzuarbeiten. Häufig geht es einfach darum, dass jemand an meiner Seite ein Stück meines Weges mit mir geht, von außen und aus einer sicheren Position einen Perspektivenwechsel ins Auge fasst und Wege eröffnet, an die ich in einer unübersichtlichen Lebensphase selbst nicht denke.

## Ich reflektiere mich selbst

Wenn der Weg zur Selbstreflexion über ein professionelles Einzel- oder Gruppensetting eine zu große Hürde zu sein scheint, dann mache ich zunächst kleinere Schritte. Ich kann mir auch täglich eine Zeit nehmen, die für mich und mein Innenleben reserviert ist. Ich meditiere, werde ruhig und spüre nach, was in mir an Gedanken, Gefühlen, Bildern und inneren Bewegungen auftaucht. Ich schaue hin, offen und ehrlich, und öffne mich für Lösungsansätze und

Worte, die aus meiner inneren Welt auf mich zukommen. Meistens sind Lösungen in jeder Person selbst zu finden. Es braucht aber die Ruhe, die Offenheit, um diese Antworten aus dem eigenen inneren Reich aufsteigen zu lassen und auch zu hören bzw. ernst zu nehmen.

Im christlichen Umfeld kann diese Selbstreflexion in begleiteten Exerzitien, zumeist in Klöstern oder Bildungshäusern, angesiedelt sein. Das bedeutet einen Rückzug in die Stille und in die achtsame Auseinandersetzung mit sich selbst. Dies geschieht zumeist über die Beschäftigung mit biblischen Texten und Personen, durch die Nähe zur Natur und zu sich selbst. Wem die Zeit fehlt, sich für einige Tage zurückzuziehen, kann sich entscheiden, täglich spirituelle Übungen einzubauen. Sehr beliebt sind dafür Exerzitien im Alltag, die daheim allein umgesetzt werden können. Dazu gibt es zahlreiche Bücher (auch von mir), die Impulse und Übungen für den täglichen Gebrauch vorschlagen und so das Eintauchen in die eigene Innenwelt und das Vertiefen der Beziehung zu sich selbst und zu Gott begleiten.

### Verschiedene Entspannungsmethoden

Andere Formen der Besinnung sind Achtsamkeitsübungen, wie sie in der Tradition des MBSR (Stressbewältigung durch Achtsamkeit) empfohlen und praktiziert werden. Sehr verbreitet sind Techniken, die Körper und Seele in Einklang bringen, z. B. durch Qi Gong, Tai Chi oder Yoga. Auch die christliche Religion kennt das Körpergebet und praktiziert diese Ansätze auf spiritueller Basis (siehe mein Körpergebet zu Psalm 23, Seite 95 in diesem Buch).

## Das Gebet der liebenden Aufmerksamkeit

Ignatius von Loyola hinterließ uns das Gebet der liebenden Aufmerksamkeit. Seit rund 500 Jahren wird es von vielen Anhänger/innen praktiziert. Im Wesentlichen geht es darum, am Ende eines Tages auf das zu schauen, was gelungen ist, und auf das, was gewandelt bzw. vervollkommnet werden könnte. Dabei geht es nicht darum, sich zu schelten, wenn etwas danebenging, sondern liebevoll, versöhnungsbereit wahrzunehmen, was der Tag mit sich brachte. Dabei wird Gott als ein barmherziges und liebendes Gegenüber angenommen, das mich darin bestärkt, an meinem Reifen und Wachsen mitzuwirken und mich dankbar anzunehmen mit allem, was zu mir gehört. Wem es gelingt, dies zu tun, kann sich für inneres Wachstum, Selbstannahme und Selbstliebe öffnen.

## Der Weg der Versöhnung

Wenn manche Menschen Angst haben, sich mit sich selbst näher auseinanderzusetzen, geht es wohl meistens darum, dass sie mit sich selbst unversöhnt und unbarmherzig umgehen. Diese entwertende Einstellung haben sie häufig von Vorbildern (Eltern, Lehrer/innen, Chef/innen, Partner/innen) gelernt. Vielen religiös erzogenen Menschen wurde Gott als unversöhnlich und unbarmherzig vermittelt, als einer, der moralisch und kompromisslos verurteilt und bestraft. Wer so sozialisiert wurde, hat es sicherlich sehr schwer, mit sich selbst fürsorglich und barmherzig zu sein. Vor diesem Hintergrund ist Selbstreflexion ein Weg in die »Schuldenfalle«: *Ich bin nicht würdig; ich bin schuldig; ich bin unvollkommen; ich bin nicht richtig* etc.

Mit solchen negativen Glaubenssätzen erzogen, entsteht wohl die Angst, sich selbst anzuschauen oder sich mit den eigenen Schattenseiten auseinanderzusetzen. Sich nicht damit zu beschäftigen kann jedoch ein Grund dafür sein, dass ein Mensch in Gewohnheiten steckenbleibt, an alten Wunden erkrankt und sich permanent klein, unzulänglich, unbedeutend oder gar nicht liebenswert findet – und sich in der Folge selbst auch so behandelt: indem sie/er sich selbst klein hält, keine eigenen Potenziale wahrnimmt, sich nicht einbringt oder sich selbst ablehnt. Daraus entspringt ein Schattendasein, das wenig Lebensbejahendes in sich trägt.

Aus dieser negativen Sozialisierung heraus gibt es besonders in sehr traditionellen religiösen Umfeldern auch heute noch die Angst vor der Psychologie, vor Therapie oder alternativen Heilmethoden. Diese Abwehrhaltung ist so alt wie die biblischen Schriften. Denken wir an die Kreuzigung Jesu – diese kann auch auf die diffuse Angst vor Menschen zurückgeführt werden, die auf ein tiefes und umfassendes heilsames Wissen zurückgreifen: ein Wissen, das aus der göttlichen Quelle schöpft. Besonders begabte und heilsame Menschen wurden über die Jahrtausende immer wieder ausgestoßen, verdammt oder – wie es vielen weisen Frauen widerfuhr – verbrannt. Diese Ur-Angst vor der inneren, göttlichen Weisheit in anderen hat in manchen Menschen bis heute überlebt und ist noch immer gefährlich, denn sie birgt eine zerstörerische Energie in sich.

Wenn diese ängstlichen Menschen auf eine (professionelle) Begleitung treffen, die sie liebevoll und wertschätzend durch ihre Angst hindurch begleitet, kann Leben in Freiheit und Fülle ermöglicht werden. Dazu braucht es aber die Sehnsucht des Menschen, sich entdecken, entfalten und befreien zu wollen.

Angst engt mich ein
bindet meine Kräfte
lähmt

gefangen friste ich ein Dasein
das sich im Finstern verliert

meine Seele tastet nach Halt
die meinen Händen entgleitet
nach Boden
der meinen Füßen entzogen

wenn ich mich dir anvertrauen
wenn ich mutig nach dir greifen
wenn ich dir meine Angst zumuten könnte
würde ich dir einen Schritt näherkommen
und mich absichern

stärke mein Zutrauen
stärke mich

Zur Selbstreflexion gehört die Entscheidung, mir Zeit für mich zu nehmen und mich mir selbst zu übergeben. Ich muss mir selbst am Herzen liegen, damit ich mir Zeit einräume und mich mir selbst zuwende. Wenn ich dies über lange Strecken meines Lebens nicht getan habe, dann kann eine Hilflosigkeit entstehen, wenn ich mir selbst quasi gegenübersitze. Wie soll ich mich mir selbst annähern?

Ein Blick auf die jesuanische Praxis der heilsamen Begegnung kann mir einen gangbaren Weg eröffnen. Jesus nahm sein Gegenüber ganzheitlich wahr: die Körperhaltung, das Umfeld, die Ausstrahlung, die Not. Aus seiner Art auf Menschen zuzugehen und sie mit ihrer inneren Wahrheit zu konfrontieren, ergeben sich für mich folgende Fragen:

- Was fehlt mir?
- Was brauche ich?
- Was will ich, dass du mir tust?

Diese Fragestellung begleitet mich zu meinem vorhandenen Bedürfnis, zu meiner Sehnsucht und auch auf den Weg zur Heilung. Exemplarisch steht dafür die Geschichte der Heilung des blinden Bartimäus: Hier besinnt sich Bartimäus auf das, was ihm fehlt; er geht zu dem, der ihm den Weg zur Fülle ermöglicht, und er erhält, was er braucht. Selbstreflexion, Mut und Vertrauen sind heilsam.

> *Sie kamen nach Jericho. Als er mit seinen Jüngern und einer großen Menschenmenge Jericho wieder verließ, saß am Weg ein blinder Bettler, Bartimäus, der Sohn des Timäus. Sobald er hörte, dass es Jesus von Nazaret war, rief er laut: Sohn Davids, Jesus, hab Erbarmen mit mir! Viele befahlen ihm zu schweigen. Er aber schrie noch viel lauter: Sohn Davids, hab Erbarmen mit mir! Jesus blieb stehen und sagte: Ruft ihn her! Sie riefen den Blinden und sagten zu ihm: Hab nur Mut, steh auf, er ruft dich. Da warf er seinen Mantel weg, sprang auf und lief auf Jesus zu.*

> *Und Jesus fragte ihn: Was willst du, dass ich dir tue? Der Blinde antwortete: Rabbuni, ich möchte sehen können. Da sagte Jesus zu ihm: Geh! Dein Glaube hat dich gerettet. Im gleichen Augenblick konnte er sehen und er folgte Jesus auf seinem Weg nach. (Markus 10,46–52)*

Wer kaum oder nie über seine eigenen Bedürfnisse nachgedacht hat, wer oft mit der Befriedigung fremder Bedürfnisse beschäftigt war, braucht die innere Erlaubnis, sich solche Bedürfnisse überhaupt einzugestehen: *Ja, ich bin bedürftig. Ich bin angewiesen auf …* Diese Erkenntnis, dieses Einverständnis mit der eigenen Brüchigkeit und Grenze ist der Beginn einer wachsenden Freundschaft mit mir selbst. *Ich will mich meines Lebens erfreuen, ich will mich selbst liebhaben* ist das Ziel, die Antwort auf die lebenswichtigen Fragen. Der Weg dorthin fällt leichter, wenn ich mir immer wieder, immer neu diese drei zentralen Fragen stelle:

- Was fehlt mir?
- Was brauche ich?
- Was will ich, dass du mir tust?

Die dritte Frage könnte missverstanden werden. Sie ist auf Jesus bzw. auf das Göttliche gerichtet. Viele bitten »das Universum« darum, diese Sehnsucht zu erfüllen. »Hirntechnisch« kann es mit der positiven Kraft der Gedanken, des menschlichen Geistes übersetzt werden. So ist wissenschaftlich nachgewiesen, dass wir unsere eigenen Gedanken auf das gute oder das negative Ende lenken können.

Wenn ich mir einrede, dass ich etwas nicht oder gar nie schaffe, dann werde ich mich diesem Gedanken unterwerfen und mich entsprechend verhalten. Glaube ich hingegen fest daran, dass für mich viele Wege offenstehen, ich das Potenzial in mir habe, vieles zu schaffen, dann bewege ich mich entsprechend auf die Ermöglichung und Verwirklichung hin. Oder, wie Jesus es ausdrückte: Wer glaubt, kann Berge versetzen.

> *Jesus antwortete ihnen: Amen, ich sage euch: Wenn ihr Glauben habt und nicht zweifelt, dann werdet ihr nicht nur das vollbringen, was ich mit dem Feigenbaum getan habe; selbst wenn ihr zu diesem Berg sagt: Heb dich empor und stürz dich ins Meer!, wird es geschehen.*
> *(Matthäus 21,21)*

- Was will ich vom Leben?
- Was erhoffe ich mir von Gott, vom Universum?
- Was traue ich mir selbst zu?
- Wie bzw. mit welchen überschaubaren und umsetzbaren Schritten gehe ich auf mein Ziel zu?

in mir wächst ein Bild von meinem guten Ende
gewinnt an Form und Gewicht
entfaltet seine Anziehungskraft und Wirkung

mit offenen Händen
greife ich danach
kleide mich ein
und stärke mich am Erleben

## Der Weg der Glaubenskraft

Gläubige Menschen haben Vorteile, wenn es um die Bewältigung des Lebens und der Krisenzeiten geht. Sie sind nicht allein, sie dürfen auf göttliche Unterstützung hoffen. Sie können sich an Heilserfahrungen aus der Bibel, aus der Geschichte der Heiligen, aus der Lebenserfahrung anderer Gläubiger erinnern und daraus Kraft schöpfen. Menschen, die offen sind für das Göttliche in ihnen selbst und um sie herum, haben die Möglichkeit, sich eingebettet und geborgen zu fühlen – selbst in schweren Zeiten. Auch hier ist die *Reflexion* der allgemein menschlichen und der eigenen biografischen Erfahrungen Voraussetzung für die Glaubenskraft. Es muss feste Zeiten geben, in denen ich mir diese Quelle der Zuversicht als Stärkung erschließe.

> *Die aber auf den HERRN hoffen, empfangen neue Kraft, wie Adlern wachsen ihnen Flügel. Sie laufen und werden nicht müde, sie gehen und werden nicht matt. (Jesaja 40,31)*

Immer, wenn ich diese Worte aus dem Alten Testament höre, tauchen in mir Bilder aus dem Film »Die Stunde des Siegers« (»Chariots of Fire«) auf. Der Film erzählt sensibel, wie ein jüdischer und ein christlicher Athlet sich unter schwierigen Umständen auf die Olympischen Spiele vorbereiten. Beide wollen beweisen, dass sie sich mit Überzeugung und Ehrgeiz zum Sieg motivieren können, und sie versuchen, die nötige Kraft aus ihrem Glauben zu schöpfen.

Die berührende Melodie von Vangelis zum Film klingt in mir und bringt mich in Resonanz mit dessen Botschaft:

Der Glaube lässt Berge versetzen, verleiht mir Flügel und Energie. Mit dem Sieger laufe ich dann am Meer entlang und spüre befreiende Freiheit und lebensspendende Kraft. (Die Kraft der Bilder und Melodien spiegelt sich darin!)

- In welchen Bereichen meines aktuellen Lebens fehlt mir Kraft und Energie?
- Wie bin ich in der Vergangenheit aus der Kraftlosigkeit zur Kraft gekommen?
- Was sind meine Kraftquellen und wo sind meine Kraftorte?

### Ich sorge für mich

Ich schenke mir selbst Zeit und lasse mich auf eine Reise in meinen inneren Bereich ein. Dazu gönne ich mir Ruhe und einen geschützten Raum. Ich ziehe mich vom Außen zurück, schalte mein Handy aus, hänge »Bitte nicht stören!« an meine Tür und weiß mich geborgen.

Ich suche eine entspannte Körperhaltung, die mir ein gutes Atmen ermöglicht. Ich schließe die Augen und bin bereit, bei mir selbst anzukommen und Zeit mit mir selbst zu verbringen. Wenn ich spirituell offen bin, kann ich mich in Gottes Gegenwart bringen und die Geistkraft bitten, mich auf der Reise zu meiner Mitte zu begleiten.

Ich beheimate mich in mir, indem ich den Atem kommen, fließen und gehen lasse. Ich verbinde mich dabei mit dem Boden, der Sitz- oder Liegefläche unter mir, die mich trägt – so wie Gott mich durchs Leben trägt. Ich bin gehalten. In mir ist Halt und Sicherheit.

Erst wenn meine Gedanken und mein Körper in einen ruhigeren Zustand gekommen sind, öffne ich mich für folgende Bilder meiner inneren Reise:
Ich gehe auf die Suche nach meinem Kraftplatz.
Ich bin offen für den Weg und den Ort, der sich mir erschließt. Schritt für Schritt nähere ich mich an.
Auch der Weg dorthin birgt Schätze in sich, wenn ich sie betrachte. Auf dem Weg oder am Ende des Weges gibt es diesen Ort, der mir Positives vermittelt.
Vielleicht ist es ein Ort, den ich in meinem Leben schon real besucht habe. Es kann jedoch auch ein mir unbekannter Platz sein, der sich mir nun zeigt.
Ich habe die Zeit, mich umzuschauen und in aller Ruhe den Ort zu erkunden.

- Was zeigt sich mir an Farben, an Formen, an Geräuschen oder Melodien?
- Bin ich allein oder mit anderen an diesem Ort?
- Wie fühle ich mich hier?

Ich kann mich setzen oder mich bewegen; ich kann nach dem greifen und verkosten, was dieser Ort in sich birgt. Ich kann eintauchen in dessen Ausstrahlung und Energie. Hier kann ich loslassen, empfangen und geben, je nach Lust und Laune.
Dieser Ort will mich beleben und erfüllen.
Ich nehme die Kraft dieses Platzes und dessen, was er mir bietet tief in mich auf. Ich lass auf mich einwirken, was ich fürs Leben brauche.
Wenn ich so gesättigt in mich hineinfühle, kann eine innere Botschaft aufsteigen – vielleicht ein Satz,

ein Gefühl, ein Geschenk, das ich mir einprägen will, damit es mir zum Schatz wird.
Um diesen Schatz zu bewahren, lege ich jetzt meine Hand aufs Herz, um ihn dort zu beheimaten. Wärme und Energie sind spürbar unter meiner Hand.
Ich lasse mich berühren und wandeln.
Erst wenn ich dazu bereit bin, kann ich gekräftigt mit beiden Beinen zu mir stehen und mit neuer Energie diesen Ort dankbar und wertschätzend verlassen.
Das, was ich hier ins Erleben brachte, bleibt mir eingeprägt. Ich kann es jederzeit wiederbeleben, indem ich daran denke, mich erinnere oder real an diesen Ort zurückkehre.

Ich mache mich auf den Heimweg in meine Realität.
Ich lasse mir die Zeit, die ich dazu brauche.
Ich bin großzügig mit dieser mir zugewendeten Zeit.
Mit neuen Erfahrungen im Gedankengepäck spüre ich meinen Körper hier und jetzt. Ich atme bewusst durch meine Körperteile hinein in den Boden und in die Sitzfläche.
Ich nehme mich wahr, wie ich jetzt hier bin, wie ich mich fühle. Dann beginne ich mich allmählich zu recken und zu strecken, zu gähnen und vielleicht auch abzuklopfen. Ich bin hier und jetzt da, um eine Erfahrung reicher. Wenn ich dazu bereit bin, öffne ich die Augen und komme erneut in meinem realen Umfeld an.

Um mich auch in Zukunft an meinen (imaginierten oder realen) Kraftplatz zu erinnern, kann ich mich diesen Fragen stellen:

- Gibt es diesen Platz, dem ich gerade begegnet bin, in der Realität oder nur in meiner Vorstellung?
- Wenn es ihn real gibt: Wo befindet er sich und wie oft suche ich ihn auf?
- Ich beschreibe diesen Platz in den Details, an die ich mich erinnern kann. Das heißt mitunter, dass ich ihn malend aufs Papier bringe oder mir ein Foto davon zurechtlege.
- Was war an diesem Ort zu sehen, zu hören und zu riechen bzw. zu schmecken?
- Was geschah außen und in mir an diesem Platz?
- Welche Gefühle verbinde ich mit diesem Ort?
- Welche Wirkung zeigt sich mir, wenn ich mich dort befinde?
- Was ist die Botschaft, das Geschenk dieses Ortes an mich und mein Leben?
- Wie kann ich die Kraft dieses Ortes für mich konservieren?

Mein persönlicher Lieblingsplatz befindet sich in der Natur und ist im Psalm 23 biblisch ausgedrückt.

> *Der Herr ist mein Hirt, nichts wird mir fehlen.*
> *Er lässt mich lagern auf grünen Auen*
> *und führt mich zum Ruheplatz am Wasser.*
> *Meine Lebenskraft bringt er zurück.*

*Er führt mich auf Pfaden der Gerechtigkeit,*
*getreu seinem Namen.*
*Auch wenn ich gehe im finsteren Tal,*
*ich fürchte kein Unheil;*
*denn du bist bei mir,*
*dein Stock und dein Stab, sie trösten mich.*
*Du deckst mir den Tisch vor den Augen meiner Feinde.*
*Du hast mein Haupt mit Öl gesalbt,*
*übervoll ist mein Becher.*
*Ja, Güte und Huld werden mir folgen mein Leben lang*
*und heimkehren werde ich ins Haus des HERRN*
*für lange Zeiten.*

Dieser Psalm ist für mich an keinen bestimmten Ort gebunden, aber es gibt Plätze in der Natur, an denen ich diese Worte spontan bete und mich an der Schöpfung und am schöpferischen Gott erfreue. Es gibt mir Kraft, wenn ich mich in schöner Umgebung von einer kreativen Geistkraft getragen weiß, wenn ich mir selbst bekräftige, dass diese natürliche Schönheit von Gott auch für mich persönlich ausgedacht und erschaffen wurde. Diese Kreation geschah, damit meine Lebenskraft nie versiegt, damit meine Zuversicht in jeder Phase meines Seins gestärkt und gefestigt wird. In der Auseinandersetzung mit dieser Überzeugung habe ich meine eigenen Worte gefunden, die Psalm 23 in meine Erfahrungswelt übersetzen.

Wenn ich diese Worte in meinem Körper verankern will, kann ich beim Gebet durch Gesten meinen Leib einsetzen.

Gott
du Hüterin meines Seins

meine Kraft strömt aus der göttlichen Geistkraft
und nährt meine Sehnsucht
sie eröffnet mir die Schönheit des Ruheplatzes am Wasser
und spiegelt sich darin
sie lässt mich zur Ruhe kommen
und meine Probleme für Augenblicke vergessen

dieser lebendige und zärtliche Gott kennt
mein innerstes Verlangen
und zeigt mir Momente der Erfüllung

ich bin auf allen Wegen begleitet
denn Gott ist in mir und steht mir zur Seite
mein Gott hält ihr Versprechen
ich bin allezeit bei dir und mit dir

mit dir an meiner Seite und in meinem innersten Kern
bin ich ohne Furcht
nichts kann mir den Boden unter meinen Füßen entreißen

du gibst mir Halt und Sicherheit
du bist mir Stütze und Anker
Quelle und Nahrung zugleich

du bist verständnisvoll und liebst mich
vom ersten bis zum letzten Atemzug

du hältst dein Herz offen für mich
damit ich darin wohne und ruhe

## Psalm 23 – Körpergebet

| | |
|---|---|
| *Der Herr ist mein Hirt* | Hände wie ein Dach über den Kopf halten |
| *nichts wird mir fehlen.* | Hände auf den Herz-Raum legen |
| *Er lässt mich lagern auf grünen Auen* | Hände weit ausstrecken (oder auf die grüne Au zeigen, wenn sie da ist) |
| *und führt mich zum Ruheplatz am Wasser.* | Hände zum Boden – sie schöpfen Wasser |
| *Meine Lebenskraft bringt er zurück.* | Hände lassen das Wasser über den ganzen Körper fließen |
| *Er führt mich auf Pfaden der Gerechtigkeit, getreu seinem Namen.* | Ich gehe sicheren Schrittes einmal um mich herum, die Hände wie beim Walken seitlich bewegend |
| *Auch wenn ich gehe im finsteren Tal,* | Hände schützend vors Gesicht … und in die andere Richtung um mich herumgehen |
| *ich fürchte kein Unheil;* | Hände als Fäuste – Geste der Kraft |
| *denn du bist bei mir,* | Hände auf dem Brustraum überkreuzen |
| *dein Stock und dein Stab, sie trösten mich.* | Hände umfassen zwei Stöcke, auf die ich mich stütze beim Gehen |
| *Du deckst mir den Tisch* | Mit den Händen eine Tischdecke ausstreichen |
| *vor den Augen meiner Feinde.* | dem Gegner in die Augen sehen (dabei aufrecht stehen) |
| *Du hast mein Haupt mit Öl gesalbt,* | Hände streicheln übers Haupt, als ob sie Öl einmassieren |
| *übervoll ist mein Becher.* | Ich halte einen übervollen Becher, jongliere etwas dabei |
| *Ja, Güte und Huld werden mir folgen mein Leben lang* | Hände verschenken die Fülle nach allen Seiten – freundlich, zugewandt |
| *und heimkehren werde ich ins Haus des Herrn für lange Zeiten.* | Zur Ruhe kommen, Hand auf Bauch/Sonnengeflecht und aufs Herz legen – in Balance sein |

Wenn mir der Weg zu meinen Kraftquellen bewusst ist, kann ich diese Quellen auch aufsuchen. Ob es nun ein Ort, eine Tätigkeit, ein Konzert, eine Begegnung mit wohlmeinenden Menschen oder ein Liegestuhl ist, ist individuell und teilweise auch aktuell jeweils verschieden. Wichtig ist jedoch, dass ich mir eingestehe, dass mein innerer Akku aufgebraucht ist und ich ihn deshalb sofort aufladen muss. Bei meinem Handy oder Rechner oder Elektro-Auto ist das selbstverständlich für mich – genauso automatisch sollte ich auch meine eigenen Energiereserven auffüllen. Denn nur wenn ich in meiner Kraft bin und genügend Ressourcen zur Verfügung habe, kann ich mein Leben auch gestaltend steuern, meine Pflichten erfüllen und meine Bedürfnisse befriedigen. Es liegt an mir und der Bedeutung, die ich mir und meiner Gesundheit und meinem Wohlergehen beimesse.

### Der begleitete Weg

Die Einzelbegleitung lässt einen großen Raum zu, in dem ich mich einem Menschen anvertraue. Dort kann ich zulassen, dass ich auch Gebrochenheit, Verwundungen, Risse und Kanten an mir erlebe. Dort kann ich auch zulassen, dass in mir Schätze, Licht und Potenzial vorhanden sind, die gemeinsam an die Oberfläche gehoben werden können. Dort kann ich auch einüben, mich selbst anzunehmen und lieben zu lernen. Die begleitende Person wird zur Wächterin, zum Wächter meines Heiligen Bezirks, meiner göttlichen Würde, und fordert verständnisvoll meine Selbstfürsorge und die praktische Umsetzung wesentlicher Schritte heraus. Sie hilft mir, an einem Thema, an einer Neuorientierung, an der Stärkung der Lebendigkeit etc.

dranzubleiben, nicht zu schnell aufzugeben und dadurch auch Schritte des Wachsens und Weitens zu setzen.

Eine große Chance bietet sich auch in Supervisionsgruppen oder Selbsterfahrungskreisen, die oft mit psychologischen, therapeutischen oder spirituellen Weiterbildungen verknüpft sind. Hier sind mehrere Menschen mit unterschiedlichsten Lebensgeschichten in einem Kreis beisammen und tauschen sich offen und ehrlich aus. Gruppendynamik und Solidarität wachsen durch gemeinsam Durchlebtes und Erzähltes. Wer bisher glaubte, mit seinen Erfahrungen oder Problemfeldern allein zu sein, wird zumeist eines Besseren belehrt: *So wie mir ergeht es auch vielen anderen. Ich bin nicht allein.* Im Austausch wird meine Empathie mir selbst und anderen gegenüber verfeinert, entsteht ein Gefühl der Zugehörigkeit, die dabei unterstützt, mit mir selbst wertschätzend umzugehen. Hier, in diesem geschützten Raum, ist es auch möglich, neue Wege, neue Haltungen, neue Denkweisen auszuprobieren, sich vielleicht sogar neu zu erfinden – und das unter dem Beifall vieler Gleichgesinnter.

Besonders in spirituellen Weggemeinschaften kann Heilung geschehen. Wenn der spirituelle Rahmen und die spirituelle Botschaft gesund bzw. persönlichkeitsstärkend sind, kann in diesem Umfeld auch Gottes Liebe und Fürsorge erfahrbar werden. Wenn ich lerne, mich von Gott geliebt und bejaht zu wissen, kann ich lernen, auch mich selbst zu lieben. Leider haben viele Menschen im Umfeld des christlichen Glaubens diesen Zugang nicht gelernt. Aber wir dürfen darauf vertrauen, dass wir bis zuletzt lernfähig sind. In einer spirituellen Begleitung kann Gott als heilsam erfahren werden. Dieses Erleben kann Menschen zutiefst berühren und wandeln. Ich habe diese Wirkkraft des göttlichen Geistes in der Arbeit mit biblischen Texten und biblischen Personen schon oft erlebt. Über Methoden des Bibliodramas, das aus dem Psychodrama entsprungen ist, kann über die Identifikation mit dem biblischen Erfahrungsraum sehr viel Heil erlebt werden.

Um Heilsames wahrzunehmen, braucht es das Innehalten und das Ruhigwerden, sonst werde ich mir fremd und gehe mir selbst verloren.

*Die Erde ist randvoll von Himmel*
*und in jedem gewöhnlichen Busch brennt Gott.*
*Aber nur wer es sieht, zieht seine Schuhe aus.*
*Die anderen sitzen herum und pflücken Brombeeren.*
*(Elizabeth Barrett Browning, 1806–1861)*

# III

# Ich bin liebenswert

Bei einem Kurzurlaub in einem Karmelitenkloster musste ich frustriert feststellen, dass ich zu klein war für den aufgehängten Spiegel im Bad. Ich musste mir einen kleinen Spiegel kaufen, um mich bei der Morgentoilette anschauen zu können. Ich erzählte dies bei Tisch und erntete unterschiedlichste Rückmeldungen: Bei anderen war der Spiegel so, wie sie ihn brauchten (sie waren teilweise größer als ich). Andere wiederum wussten gar nicht, ob sie in den Spiegel schauen können bzw. ob es in ihrem Bad einen Spiegel gibt, und eine Person meinte, sie schaue nicht in den Spiegel. Das hat mich nachdenklich gemacht.

## Liebe ist für mich …

Ich glaube mich erinnern zu können, dass ich so erzogen wurde, dass ich mich nicht allzu lange im Spiegel betrachten sollte. Denn das könne auf Eitelkeit zurückgeführt werden. Es sei also nicht wirklich angebracht, sich selbst anzuschauen. Die Geschichte von Narziss, der in sein eigenes Spiegelbild verliebt ist, taucht da auf. Nicht weit davon entfernt ist die Redewendung vom Eigenlob, das stinkt. Und weiter geht es mit Botschaften, die besagen, dass wir uns selbst nicht (so) wichtig nehmen sollten. Und wer damit noch nicht genug hat, wird bei der biblischen Botschaft »Liebe deinen Nächsten wie dich selbst« wohl noch das »wie dich selbst« unter den Tisch fallen lassen. Kurzgefasst: *Du darfst dich selbst nicht ernst und wichtig nehmen, aber den Nächsten (und die Nächste) sollst du lieben.*

Diesen Aussagen, übernommenen Redewendungen und biblischen Zitaten zum Trotz sagte eine Psychiaterin einmal zu mir als Vertreterin der Katholischen Kirche: »Sagt euren Leuten doch endlich, dass sie sich lieben sollen, dann hätten wir weniger zu tun!«

Ja, sagen wir den Menschen doch endlich, dass Selbstliebe die Voraussetzung für Nächstenliebe ist. Psychologisch steht überall geschrieben, dass wir uns selbst annehmen und lieben sollen, um überhaupt der Liebe zur anderen, zum anderen und zu Gott fähig zu sein. In unserem christlich sozialisierten Umfeld ist dies noch immer ein »No-Go«. Deshalb gibt es immer zweierlei Reaktionen, wenn ich in Seminaren dieses Thema aufgreife: Da sind diejenigen, die sofort in Widerstand gehen und sich gegen den vorherrschenden Egoismus wehren und die Nächstenliebe als höchstes Gut benennen, aber auch diejenigen, die sichtbar erleichtert aufatmen, dass diese Wahrheit auch in einem spirituellen Rahmen beim Namen genannt wird.

Wenn ich nie erfahren habe, was aufrichtige Liebe ist, wenn ich nie für meine Individualität, meine Persönlichkeit geliebt wurde, kann ich weder meine nächsten Menschen noch Gott selbst lieben. Und mich selbst sowieso nicht, denn ich wurde ja nicht geliebt von denen, die mich eigentlich hätten lieben sollen. Wenn ich Liebe nicht erlebt habe, mir keine wirksame Wertschätzung entgegengebracht wurde, dann werde ich kaum fähig sein, Menschen, die vielleicht mehr geliebt werden als ich, zu lieben. Ich bin zu kurz gekommen und ich komme noch immer zu kurz. Wer nichts an Liebe bekommen hat, hat selten etwas zu geben. Wer kaum oder wenig Liebe erfahren hat, bleibt bedürftig, unerfüllt, und sucht, strebt, kämpft wohl ein Leben lang darum, Liebe zu bekommen.

Im kirchlichen Umfeld finden sich häufig Menschen, die in ihrem Leben kaum bedingungslos geliebt worden sind. Sie suchen dann vermehrt nach Umfeldern, die vermeintlich besonders caritativ oder sozial oder gar christlich sind. Wenn sehr viele bedürftige Menschen, die sich nicht geliebt fühlen, in einem System zusammen sind, dann besteht die Gefahr, dass das vorhandene Bedürfnis unbefriedigt bleibt. Deshalb gibt es die Erfahrung, dass gerade in diesen Systemen wenig Wertschätzung, dadurch aber viele Kränkungen vorkommen.

Der verdiente österreichische Psychiater Reinhard Haller hat in seinem Buch »Das Wunder der Wertschätzung« eindrücklich beschrieben, dass jeder Mensch vom ersten bis zum letzten Atemzug auf Wertschätzung angewiesen ist. Wird ihm diese permanent versagt, wird er krank, evtl. asozial sich selbst und anderen gegenüber.

Es ist recht schwer, sich selbst wertzuschätzen und zu lieben, wenn diese Erfahrungen nicht seit der Kindheit erlebt wurden. Aber es ist nicht unmöglich, eine positive und wertschätzende Haltung sich selbst und anderen gegenüber zu erlernen. Übung, Geduld, Ausdauer und eben viel Mitgefühl sind jedoch nötig, um dieses Defizit in späteren Jahren auszugleichen.

Wenn ich morgens in den Spiegel schaue, dann sage ich nicht ständig: »Ich liebe mich!« zu mir selbst. Leider habe ich dieses Ritual so noch nicht in mein Leben integriert. Aber ich möchte mich sehen. Ich möchte sehen, wie ich morgens ausschaue und wie ich in meinen Tag hineingehe. Ich möchte mich mir zuwenden. Ist dies nicht möglich, fühle ich mich um mich selbst betrogen. Ja, ich sehe mich selbst gern an. Ich bin mit mir selbst zufrieden. Ja, ich mag mich gern.

Jetzt würde ich gern wissen, wie Sie sich fühlen, wenn Sie diese Zeilen lesen.

- Welche Gedanken sind Ihnen jetzt gerade durch den Kopf gegangen?
- Wie beurteilen Sie diese Gedanken selbst?

> *Die größte Form des Respekts,*
> *die wir uns gegenseitig entgegenbringen können,*
> *ist, sich gegenseitig weniger zu bewerten.*
> *(Katja Kruckeberg)*

Wenn ich mich also im Spiegel betrachte, dann tue ich es nicht unbedingt mit wertenden Augen, sondern mit dem Blick, der mich begrüßt, mich wahrnimmt. Ich bin da. Ich lebe (noch). Ich bin bereit, in den Tag zu gehen und mich dem Leben zu stellen.

Liebe ist letztlich ein wohlwollendes und bejahendes Wahrnehmen des Gegenübers, das sich praktisch auch in einem wertschätzenden und respektvollen Umgang ausdrückt. *Du liegst mir am Herzen. Ich bin gern mit dir zusammen. Dein Wohl ist mir wichtig und etwas wert. Es ist mir ein Herzensanliegen, dass es dir gut geht, du gesund bist und du dich geborgen und willkommen weißt. Ich verbringe gern meine Zeit mit dir und ich gebe dir auch gern emotionale und körperliche Nähe und mein ganzes Vertrauen. In Notsituationen bin ich bereit, dein Leben zu schützen und meines auch notfalls für dich einzusetzen. In jeder Begegnung mit dir bin ich achtsam und sensibel, was dich und mich und unsere Bedürfnisse und Sehnsüchte angeht.*

Wem diese Haltungen nicht entgegengebracht wurden, wer dieses unbedingte Ja besonders von den eigenen Eltern bzw. Bezugspersonen nicht geschenkt bekommen hat, bleibt wohl unerkannt, um Liebe betrogen, im Leben zurück. Eine tiefe Verwundung besteht oft ein Leben lang.

Eine befreiende oder bedingungslose Liebe lässt den/die andere ihren Weg gehen, sich entwickeln und entfalten, ohne die Bezogenheit zu minimieren. Sie ist in ihrer Essenz nicht an Voraussetzungen, Bedingungen, Leistungen oder Erfolge gebunden. Sie ist zuverlässig vorhanden, auch wenn mal etwas danebengeht, verlorengeht oder auch völlig anders verläuft als erhofft. Liebe, die das Gegenüber als eigenständige und wertvolle Person, als ein einmaliges Individuum sieht und achtet, entlässt in die schöpferische Freiheit. Sie lässt zu, dass ein Mensch unabhängig von Erwartungsdruck und To-do-Listen heranreift.

Der Missionar und Apostel Paulus, der sich selbst und viele andere lange ablehnte, aber in seiner Berufung die Liebe Christi erfahren durfte, hat es in seinem christlichen Denken so ausgedrückt:

> *Wenn ich in den Sprachen der Menschen*
> *und Engel redete,*
> *hätte aber die Liebe nicht,*
> *wäre ich dröhnendes Erz oder eine lärmende Pauke.*

*Und wenn ich prophetisch reden könnte*
*und alle Geheimnisse wüsste*
*und alle Erkenntnis hätte;*
*wenn ich alle Glaubenskraft besäße*
*und Berge damit versetzen könnte,*
*hätte aber die Liebe nicht, wäre ich nichts.*
*Und wenn ich meine ganze Habe verschenkte*
*und wenn ich meinen Leib opferte,*
*um mich zu rühmen,*
*hätte aber die Liebe nicht,*
*nützte es mir nichts.*
*Die Liebe ist langmütig, die Liebe ist gütig.*
*Sie ereifert sich nicht, sie prahlt nicht,*
*sie bläht sich nicht auf.*
*Sie handelt nicht ungehörig,*
*sucht nicht ihren Vorteil,*
*lässt sich nicht zum Zorn reizen,*
*trägt das Böse nicht nach.*
*Sie freut sich nicht über das Unrecht,*
*sondern freut sich an der Wahrheit.*
*Sie erträgt alles, glaubt alles, hofft alles,*
*hält allem stand.*
*Die Liebe hört niemals auf.*
*Prophetisches Reden hat ein Ende,*
*Zungenrede verstummt, Erkenntnis vergeht.*
*Denn Stückwerk ist unser Erkennen,*
*Stückwerk unser prophetisches Reden;*
*wenn aber das Vollendete kommt,*
*vergeht alles Stückwerk.*
*Als ich ein Kind war, redete ich wie ein Kind,*
*dachte wie ein Kind und urteilte wie ein Kind.*

*Als ich ein Mann wurde, legte ich ab,*
*was Kind an mir war.*
*Jetzt schauen wir in einen Spiegel*
*und sehen nur rätselhafte Umrisse,*
*dann aber schauen wir von Angesicht zu Angesicht.*
*Jetzt ist mein Erkennen Stückwerk,*
*dann aber werde ich durch und durch erkennen,*
*so wie ich auch durch und durch*
*erkannt worden bin.*
*Für jetzt bleiben Glaube, Hoffnung, Liebe,*
*diese drei;*
*doch am größten unter ihnen ist die Liebe.*
*(1 Korinther 13,1–13)*

Paulus berührt in dieser sehr poetisch formulierten Passage seines Briefes eine tiefgreifende Wahrheit: Liebe ist eine Haltung, eine Art zu leben und zu sein. Liebe kann nicht vorgetäuscht werden, sie ist greifbar, spürbar, fühlbar vorhanden – oder auch nicht. Selbst in einer vordergründig sozialen Handlung oder Rede kann mehr Ehrgeiz, Anerkennungssucht oder Selbstbestätigung vorhanden sein, als zunächst zugegeben.

Glaubwürdig ist eine Liebende, ein Liebender, wenn das, was sie oder er dem Gegenüber als Lebenshaltung und als praktizierte Tat entgegenbringt, in Liebe gründet, und das permanent, solange die Beziehung besteht. Damit ist nicht gemeint, dass es keine »bösen Worte« oder punktuell lieblosen Handlungen gibt: Wir sind alle menschlich begrenzt und auch von Momentaufnahmen, Stress oder anderen Stimmungsschwankungen beeinflusst. Aber, das Fundament, die Essenz der Beziehung beruht auf verlässlicher Zuwendung, Zusage des Vertrauens und der Solidarität, Sicherheit und Zustimmung. Das kann bleiben und dauerhaft sein, selbst wenn es schwierige oder gar kränkende Episoden gibt.

Glaubwürdig ist eine Beziehung, in der ich mich hundertprozentig bejaht fühle, in der ich aber auch streite: weil ich meine Bedürfnisse nicht verleugne, nicht einschränke, nicht ignoriere; weil ich meinem Gegenüber völlig vertraue, dass selbst in der Auseinandersetzung und in unterschiedlichen Ansätzen die Basis stimmt und ich nicht prinzipiell aus dem Wohlwollen herausfallen kann. Trotzdem kann diese Meinungsverschiedenheit eine momentane Verstimmung mit sich bringen – aber es gibt keine bleibenden Vorwürfe oder gar Schäden.

In einer verlässlichen Liebesbeziehung bedarf es keiner Harmonisierungstendenzen. Ich darf mich dir zumuten, so wie ich mich gerade jetzt fühle, so wie ich in dieser Phase gerade bin. Du darfst mir auch mal ehrlich rückmelden, was dich an mir stört, ohne mich damit an meine Grenze zu bringen. Was bleibt, ist die Gewissheit, dass wir einander gut sind, dass wir einander grundsätzlich bejahen und miteinander ein Stück des Lebens teilen.

Wo dieses Grundverständnis fehlt, fehlt auch das, was wir hier als Liebe definieren: das Anerkennen deiner Einmaligkeit, deiner Grenzen und deiner Fülle.

- Welche Menschen verkörpern für mich Liebe?
- Wie befreiend und bedingungslos ist meine Liebe anderen gegenüber?
- Wie barmherzig und bejahend ist meine Liebe mir selbst gegenüber?

Liebe ist einfach
unkompliziert
kostenlos aber nie umsonst
ernährt sich wie die Luft
aus frischem Wind
belebt und bewirkt
Herzenswärme
und Glückseligkeit

Wenn ich liebe, dann möchte ich mit der Person, der Tätigkeit, der Umgebung, dem Geschöpf am liebsten ganz viel gemeinsame Zeit verbringen. Ich möchte eintauchen, berühren und berührt werden. Ich möchte mein Herz ausschütten und mich anvertrauen. Ich möchte mich verlassen können und Halt bieten. Ich möchte hören, sehen, begreifen, dass ich liebe und geliebt werde. Ja, ich wünsche mir nichts sehnlicher, als Gegenliebe zu erfahren und zu erleben.

Wenn ich liebe, dann drücke ich es vielfältig von ganzem Herzen aus:

gemeinsam verbrachte Zeit
Vertrauen
Verlässlichkeit
Geduld und Ausdauer
Achtsamkeit und Respekt
Wertschätzung und Anerkennung
Dankbarkeit und Lob
Einsatz
Verzicht
Ich habe das Wohl des/der anderen im Blick
Fürsorge

Hingabe
Rücksicht und Kompromissbereitschaft
Versöhnung und Vergebung
Würdigung und Bereitschaft,
die Grenze zu achten …

- Welche Liebesbeziehungen habe ich aktuell?
- Wer kommt gerade (etwas) zu kurz?
- Welche der obigen Haltungen bringe ich mir selbst entgegen?
- Wann, warum vernachlässige ich mich selbst?

Die wohl wirkungsvollsten Ausdrucksformen der Liebe sind:
- liebende Zuwendung
- mitfühlende Empathie
- achtsame (Selbst-)Annahme
- ehrliche Hingabe

Wie viele dieser Ausdrucksformen bringe ich mir und anderen gegenüber ein?

Liebe ist ein Gefühl, eine Haltung und eine Tätigkeit. Wo alle diese drei Aspekte zusammenfallen, ist sie am wirksamsten und am fruchtbarsten. Das kann einem lebendigen Wesen entgegengebracht werden, aber ebenso in einer Arbeit oder einem Hobby zum Ausdruck kommen. Wo die Liebe fließt, bewässert sie den Boden und ermöglicht das Wachstum der Frucht. Wo Liebe verwehrt oder verfälscht wird, hinterlässt sie verbrannte Erde, Dornenhecken und offene Wunden. Das ist auch bei vorenthaltener Selbstliebe der Fall.

Im christlichen Umfeld, in dem meine Wurzeln zu finden sind, ist Selbstliebe nicht weit verbreitet. Sie wurde in der religiösen Tradition abgelehnt oder einfach vergessen. Auf den folgenden Seiten möchte ich daher in biblischen Texten nach positiven Aussagen, aber auch nach Beispielen, die zu hinterfragen sind, und nach spirituellen Impulsen suchen. Jesus Christus, der in seinen Ansätzen sehr therapeutische Heiler, wollte ein Leben in Fülle für die Menschen, die ihn aufsuchten. Ihm lag das persönliche Wohl aller sehr am Herzen.

Jesus liebte die Menschen, besonders jene, die verletzt, ausgesondert oder abgelehnt wurden. Sein Einsatz für Gerechtigkeit, gelebte Liebe und seine Auffassung von einem barmherzigen Gott, der uns nachläuft, um uns zu heilen, waren u. a. Grund für seinen entsetzlich grausamen Tod. Sein Todesurteil ist ein Zeugnis dafür, dass Menschen, die sich selbst nicht annehmen und lieben konnten, für andere Menschen zur Lebensgefahr werden können: aus Machtanspruch, Gesetzestreue, Verbissenheit, Neid und Gier. Hinter diesen Charaktereigenschaften der Verurteilenden stand wohl, wie viel zu oft, eine eigene Biografie der unbefriedigten Sehnsucht nach Akzeptanz und Liebe. Solange es Menschen gibt, solange es unerfüllte Bedürfnisse und Sehnsüchte gibt, werden wir uns mit diesen unliebsamen Haltungen konfrontiert wissen. Das Beispiel des Angriffskrieges gegen die Ukraine, der uns alle zutiefst erschüttert und herausfordert, spricht Bände davon.

Im Neuen Testament stellt sich Jesus von Nazaret immer wieder den Fragen einerseits seiner Anhänger/innen, andererseits aber auch Zweifelnder und Gegner. Auf die Frage nach dem wichtigsten Gebot antwortet er so:

*Als die Pharisäer hörten, dass Jesus die Sadduzäer zum Schweigen gebracht hatte, kamen sie am selben Ort zusammen. Einer von ihnen, ein Gesetzeslehrer, wollte ihn versuchen und fragte ihn: Meister, welches Gebot im Gesetz ist das wichtigste? Er antwortete ihm: Du sollst den Herrn, deinen Gott, lieben mit ganzem Herzen, mit ganzer Seele und mit deinem ganzen Denken. Das ist das wichtigste und erste Gebot. Ebenso wichtig ist das zweite: Du sollst deinen Nächsten lieben wie dich selbst. An diesen beiden Geboten hängt das ganze Gesetz und die Propheten. (Matthäus 22,34–40)*

Jesus definiert Liebe damit, dass das ganze Herz, die ganze Seele und die ganze Kraft eines Menschen eingesetzt und erfahrbar werden. So sollen wir Gott, uns selbst und andere Menschen (Geschöpfe) lieben. Nicht nur ein wenig, einige Zeit, nach Lust und Laune, sondern mit allem Positiven, was uns zur Verfügung steht. Die Liebe wird dann zum Ausdruck meiner selbst, meines innersten Kerns.

Gott als Schöpfer/in zu lieben, mich diesem kreativen mich-ins-Leben-Rufenden zu verdanken heißt, meine eigene menschliche Begrenzung zu akzeptieren und zu wissen, dass ich von einer transzendenten Größe, einer mich überragenden Kraft ins Leben geliebt wurde. Das anzuerkennen und zu würdigen ist meine liebende Antwort auf meinen göttlichen Ursprung. Bin ich mir bewusst, dass ich von Gott geliebt und bejaht bin, kann ich nur vor Ehrfurcht ergriffen sein. Denn in dieser Bezogenheit drückt sich göttliche Liebe und mein unwiderruflicher Wert, meine menschliche Würde aus. Diese Zusage spricht der Prophet Jesaja im Alten Testament uns zu:

> *Jetzt aber – so spricht der* HERR,
> *der dich erschaffen hat, Jakob, und der dich geformt hat, Israel:*
> *Fürchte dich nicht, denn ich habe dich ausgelöst,*
> *ich habe dich beim Namen gerufen, du gehörst mir!*
> *Wenn du durchs Wasser schreitest, bin ich bei dir,*
> *wenn durch Ströme, dann reißen sie dich nicht fort.*
> *Wenn du durchs Feuer gehst, wirst du nicht versengt,*
> *keine Flamme wird dich verbrennen.*
> *Denn ich, der* HERR, *bin dein Gott,*
> *ich, der Heilige Israels, bin dein Retter.*
> *Ich habe Ägypten als Kaufpreis für dich gegeben,*
> *Kusch und Seba an deiner Stelle.*
> *Weil du in meinen Augen teuer und wertvoll bist*
> *und weil ich dich liebe …*
> *Fürchte dich nicht, denn ich bin mit dir!*
> *(Jesaja 43,1–4.5)*

Ich bin in den Augen Gottes teuer und wertvoll. Ich bin von Gott geliebt. Ich kann zu mir stehen, mich annehmen, so wie ich (geworden) bin und einmal sein werde. Gott ruft mich beim Namen, steht mir zur Seite. Gott tut alles erdenklich Mögliche, um mich vor Unheil zu schützen. Ich bin Gott den ganzen Einsatz wert.

Diese göttliche Aussage und Zusage kann mich zutiefst berühren. Wenn ich mir erlaube, diese Liebe aus Gottes Hand bzw. Herz anzunehmen, dann darf ich mir erlauben, mich selbst anzunehmen und zu lieben. Im Grunde ist es keine Frage des »Dürfens«, sondern ein Auftrag Gottes an mich. Denn wenn Gott mich liebt und bejaht, wer könnte dann diesen Zuspruch anzweifeln oder gar negieren? Ich selbst nicht und andere auch nicht! Aber diese Erkenntnis wird wohl erst durch viele Schichten meiner alten Muster, Glaubenssätze und Erfahrungen sickern müssen, bis es mich in meinem Kern berührt und überzeugt. Jetzt ist der Moment, wo ich damit anfangen kann, diese göttliche Liebe in mich einsickern zu lassen und mir liebend das »Ja – ich will« zu schenken!

*Text und Melodie: Angelika Gassner*

## Unterwegs aber geschah der Neubeginn

Wir sind alle unterwegs. Niemand ist bereits am Ziel, wenn er/sie sich auf den Weg macht. Im Idealfall ist der Weg ein Symbol für geistiges, spirituelles, menschliches und auch körperliches Wachstum. Auf dem Weg gibt es verschiedene Wegstrecken mit unterschiedlichen Herausforderungen oder Szenarien. Die Welt ist bunt und vielseitig und birgt sowohl Gefahren als auch Paradiese in sich. So entwickelt sich jeder Mensch einmalig und unverkennbar. Sich als Original anzunehmen ist wohl ein großes Ziel dieser Entwicklung.

## Fehlende Liebe und Feindesliebe

Auf dem Weg kann ich mich verirren oder auch verunglücken. Nicht jeder Mensch wächst zur Erfüllung des göttlichen Kerns heran. Bei manchen Menschen scheint der göttliche Funke unter vielen Schichten ein Schattendasein zu führen. Um es klar zu benennen: Es gibt Menschen, die wenig liebenswert erscheinen oder sind. Ihre Lebensgeschichte ist nicht wohlwollend oder wertgeschätzt verlaufen. Sie sind vielleicht deshalb auf Abwege geraten und haben wenig gesunde Liebe entwickelt. Oder sie sind durch fehlende oder missbrauchte »Liebe« schwer in ihrer gesunden Entwicklung gestört worden. Das Ergebnis kann eine gestörte Beziehung zu sich selbst und zu anderen sein.

Bei meiner Ausbildung zur Geistlichen Begleiterin hat Bernardin Schellenberger in uns Teilnehmenden den Gedanken wachgerufen, dass wir auch Schaden anrichten können, wenn wir allen, die zu uns kommen, zusagen: »Du bist geliebt. Du bist okay so, wie du bist!« Er erwähnte das Beispiel eines Menschen, der womöglich in der Seminargruppe sitzt und z. B. Kinder missbrauchte. Wenn er die Botschaft hört: »Du bist okay!«, dann wird er in seinem Tun bestätigt. Dieser damals gesäte Gedankengang taucht immer wieder auf, wenn ich davon spreche, dass Gott mich (und andere) liebt, bejaht – so wie ich bin, so wie sie sind.

Wir wissen nicht, was Menschen, denen wir begegnen und die wir selbst sind, in ihrem Leben alles an »Un-Liebe«

gesät haben. Menschen können andere manipulieren, terrorisieren, abwerten, für ihre Zwecke verwenden, demütigen, misshandeln, missbrauchen oder gar töten. Das wirft natürlich bei mir viele Fragen auf.

- Wenn ich davon überzeugt bin, dass Gott bedingungslos und ausnahmslos jeden Menschen liebt, welche Folge(n) hat das für mich?
- Wie kann ich dies verstehen und auch annehmen bzw. sogar in meiner sozialen Bezogenheit umsetzen?
- Wie steht es mit meiner »Feindesliebe«?

Eine wirklich gültige Antwort habe ich noch nicht gefunden. Wenn ich an Menschen denke, die aktuell auf der Weltbühne die Knöpfe drücken, die Massen manipulieren und auch töten, dann finde ich keine passende Antwort. Auch mit einzelnen Menschen meines nahen Umfeldes kann ich mich zeitweise schwertun. Auch sie verbauen mir den Weg zu einer einfachen Lösung.

### Von den Talenten

Ein paar Gedankengänge möchte ich doch festhalten:

Gott ruft Leben ins Weltgeschehen und stattet es aus, um existieren zu können. Manche scheinen mehr, andere weniger an Grundmaterial bekommen zu haben. Allen gemeinsam ist aber die göttliche Würde als Mensch. Daneben hat wohl jeder Mensch Talente, besondere Gaben, die es zu entdecken, zu entwickeln und letztlich auch einzusetzen gilt. Hier kann schon viel schieflaufen, wenn die vorhandenen Talente nicht gesucht, gefunden und wertgeschätzt werden. Einiges kann dann auf der Strecke bleiben, anderes wird vielleicht überbetont, um das Verlorene zu kaschieren.

Menschen können sich verrennen und stur immer so weitermachen, wie es sich einmal eingeschliffen hat. Aber Menschen können auch erkennen, dass etwas falschläuft und sich besinnen und umkehren. Im Laufe eines menschlichen Lebens gibt es viele Kreuzungen, an denen Entscheidungen getroffen werden können. Weiterentwicklung und Umkehr sind eigentlich immer möglich.

Jesus erzählt ein biblisches Gleichnis, um uns an die Talente zu erinnern, die wir anvertraut bekommen haben. Es ist ausschlaggebend, wie wir mit dem Schatz umgehen: ob wir das Potenzial vergraben, also ungenutzt lassen, oder ob wir klug, umsichtig und zielgerichtet eine Wertschöpfung ermöglichen.

> *Es ist wie mit einem Mann, der auf Reisen ging. Er rief seine Diener und vertraute ihnen sein Vermögen an. Dem einen gab er fünf Talente Silbergeld, einem anderen zwei, wieder einem anderen eines, jedem nach seinen Fähigkeiten. Dann reiste er ab. Sofort ging der Diener, der die fünf Talente erhalten hatte, hin, wirtschaftete mit ihnen und gewann noch fünf weitere dazu. Ebenso gewann der, der zwei erhalten hatte, noch zwei weitere dazu. Der aber, der das eine Talent erhalten hatte, ging und grub ein Loch in die Erde und versteckte das Geld seines Herrn. Nach langer Zeit kehrte der Herr jener Diener zurück und hielt Abrechnung mit ihnen. Da kam der, der die fünf Talente erhalten hatte, brachte fünf weitere und sagte: Herr, fünf Talente hast du mir gegeben;*

*sieh her, ich habe noch fünf dazugewonnen. Sein Herr sagte zu ihm: Sehr gut, du tüchtiger und treuer Diener. Über Weniges warst du treu, über Vieles werde ich dich setzen. Komm, nimm teil am Freudenfest deines Herrn! Dann kam der Diener, der zwei Talente erhalten hatte, und sagte: Herr, du hast mir zwei Talente gegeben; sieh her, ich habe noch zwei dazugewonnen. Sein Herr sagte zu ihm: Sehr gut, du tüchtiger und treuer Diener. Über Weniges warst du treu, über Vieles werde ich dich setzen. Komm, nimm teil am Freudenfest deines Herrn! Es kam aber auch der Diener, der das eine Talent erhalten hatte, und sagte: Herr, ich wusste, dass du ein strenger Mensch bist; du erntest, wo du nicht gesät hast, und sammelst, wo du nicht ausgestreut hast; weil ich Angst hatte, habe ich dein Geld in der Erde versteckt. Sieh her, hier hast du das Deine. Sein Herr antwortete und sprach zu ihm: Du bist ein schlechter und fauler Diener! Du hast* gewusst, *dass ich ernte, wo ich nicht gesät habe, und sammle, wo ich nicht ausgestreut habe. Du hättest mein Geld auf die Bank bringen müssen, dann hätte ich es bei meiner Rückkehr mit Zinsen zurückerhalten. Nehmt ihm also das Talent weg und gebt es dem, der die zehn Talente hat! Denn wer hat, dem wird gegeben werden und er wird im Überfluss haben; wer aber nicht hat, dem wird auch noch weggenommen, was er hat. Werft den nichtsnutzigen Diener hinaus in die äußerste Finsternis! Dort wird Heulen und Zähneknirschen sein.*
*(Matthäus 25,14–30)*

Gott verteilt also Talente, Fähigkeiten und damit verbundene Verantwortlichkeiten. Wer sie entsprechend einsetzt, erzielt einen Gewinn und wird dafür belohnt. Entscheidend scheint nicht, wie viele Talente ich bekomme, sondern wie beherzt ich sie nutze. Erst in der Umsetzung dessen, was mir da geschenkt wurde, geschieht das Wunder der Vermehrung.

Talente zu vergraben kann bedeuten, mein Leben ungenutzt und unfruchtbar zu verschwenden. So kommt keine Freude auf, so kann kein Fest gefeiert werden. Die Zähne zusammenbeißen und das Minimalste zu leben bedeutet, mich selbst und Gott nicht zu würdigen. Also: Es gilt, die Verantwortung für die in mir vorhandenen Schätze zu übernehmen, sie mutig einzusetzen und mich und andere damit zu bereichern. Es nicht zu tun bedeutet, an der Fülle des Lebens vorbeizuleben.

## Umkehr des Herzens

Während ich als Mensch auch in meiner Wahrnehmung und in meiner Liebesfähigkeit meine Grenzen habe, hat Gott eine große Barmherzigkeit, Toleranz und Geduld. Wer an den gütigen Gott glauben kann, den Jesus Christus z. B. im Gleichnis vom barmherzigen Vater näher beschreibt (vgl. Lukas 15), kann auch an Umkehr und Wiedergutmachung denken. Bei sich selbst und bei anderen.

Anders ausgedrückt: Das Rohmaterial, das Gott ins Leben liebt, ist gut und ausbaufähig. Aber es kann im Verlauf des Lebens beschädigt bzw. verdorben werden. Es ist aber möglich, das »Material« zu reinigen und es seiner ursprünglichen Bestimmung entsprechend einzusetzen.

Es braucht jedoch einen »Service«, eine ganzheitlich wirksame Sanierung.

Wenn ein Mensch die Einsicht verweigert, dass er/sie umkehren, sich neu besinnen und orientieren sollte oder professionelle Unterstützung für »Umbau und Reparatur« benötigt, dann bleibt er/sie im Abseits zurück. Wer sich aber einem Prozess der Wandlung öffnet und den Weg mutig und bewusst beschreitet, ist bereit, den Weg zu sich und den anderen Menschen damit zu eröffnen. Gott begleitet und unterstützt diese Umkehr mit ganzem Herzen. So kann ein Mensch den göttlichen Funken, den Bereich der inneren und unwiderruflichen Würde in sich wiederentdecken.

Wir alle können phasenweise verlorengehen, vom eigentlichen Weg abkommen. Wir können uns manchmal in Dinge, Ansichten, Haltungen verbeißen und auch entsprechend unnachgiebig unterwegs sein. Dabei geht die Liebe zu uns selbst und zu allem, was uns umgibt, oft verloren oder wird kleiner. Manchmal überwiegt Gier, Hass, Ungeduld, Verachtung, Kritik, Selbstherrlichkeit oder Selbstverlorenheit. Eine biblische Person verkörpert diesen Zustand und kann bei der Suche nach einer Antwort behilflich sein.

Saulus war ein gebildeter Mann, der sowohl Jude als auch römischer Bürger war. Als rechtgläubiger Jude kämpfte er mit seinem ganzen Herzen gegen die Christ/innen. Kraft seines Amtes verfolgte er diese neue Glaubensgemeinschaft, die Anhänger/innen des gekreuzigten Christus. Wo er sie ergriff, überführte er sie. Er war auch maßgeblich an der Steinigung des Stephanus beteiligt. Kurzum, er schreckte nicht zurück vor der Tötung seiner Feinde im

Namen des Glaubens, so wie er ihn gelernt und verstanden hatte. Auf seiner Mission gegen die Christ/innen in Damaskus geschah nun aber Folgendes:

> *Saulus wütete noch immer mit Drohung und Mord gegen die Jünger des Herrn. Er ging zum Hohepriester und erbat sich von ihm Briefe an die Synagogen in Damaskus, um die Anhänger des Weges Jesu, Männer und Frauen, die er dort finde, zu fesseln und nach Jerusalem zu bringen. Unterwegs aber, als er sich bereits Damaskus näherte, geschah es, dass ihn plötzlich ein Licht vom Himmel umstrahlte. Er stürzte zu Boden und hörte, wie eine Stimme zu ihm sagte: Saul, Saul, warum verfolgst du mich? Er antwortete: Wer bist du, Herr? Dieser sagte: Ich bin Jesus, den du verfolgst. Steh auf und geh in die Stadt; dort wird dir gesagt werden, was du tun sollst! Die Männer aber, die mit ihm unterwegs waren, standen sprachlos da; sie hörten zwar die Stimme, sahen aber niemanden. Saulus erhob sich vom Boden. Obwohl seine Augen offen waren, sah er nichts. Sie nahmen ihn bei der Hand und führten ihn nach Damaskus hinein. Und er war drei Tage blind und er aß nicht und trank nicht. (Apostelgeschichte 9,1–9)*

Saulus war eifrig in seinem Einsatz für den korrekten Glauben. Übereifrig, denn er schien vor nichts zurückzuschrecken. Er zeigt sich anfänglich als Mensch, der die Liebe verloren hat. Wer liebt, kann doch gar nicht so unbarmherzig mit anderen Menschen umgehen. Aber er scheint es zu tun, um seine Auffassung von Gott und Rechtgläubigkeit zu verteidigen. Dabei verliert er die Achtung vor der Würde der Andersgläubigen. Er wütet und droht.

Was hat Saulus wohl so verletzt, so geprägt, dass er sich so gegen Andersdenkende wehren muss?

In seinen späteren Briefen und Berichten nennt er sich eine Missgeburt. Er war wohl körperlich nicht das Bild *eines* stattlichen Römers, der allein durch seine Statur oder sein Auftreten Menschen angezogen oder begeistert hat. Auch dürfte er keinen Respekt durch seine Persönlichkeit ausgelöst haben. Das heißt, dass er sich vermutlich durch besondere Leistung hervorheben wollte, um wahrgenommen und ernst genommen zu werden. Einen Teil seiner eigenen »Andersartigkeit« wird er wohl in seinen Gegnern bekämpft haben. Kurzum, Saulus scheint kein besonders sympathischer Zeitgenosse gewesen zu sein.

Laut der neutestamentlichen Apostelgeschichte wurde er von Jesus selbst zur Umkehr aufgerufen. Jesus fühlt sich von ihm verfolgt. Jesus identifiziert sich voll und ganz mit den abgelehnten und bekämpften Christ/innen. Saulus soll sich der Tatsache stellen, dass Jesus sein Handeln, seine Einstellung missbilligt. Saulus stürzt zu Boden. Alles, was er sich aufgebaut hat, worauf er sein Leben gestellt hat, kommt zu Fall. Am Boden liegend muss er die Wahrheit erkennen. Er muss sich und seine Verletzlichkeit genauso erkennen wie die Motivation und das Resultat seines Handelns.

Er wird blind. Er muss nach innen schauen, sich selbst stellen und sich dann neu definieren. Jesus begleitet dieses Geschehen, ist eigentlich Auslöser bzw. Initiator dieser Umkehr. Saulus bzw. Paulus muss sich an der Hand nehmen und führen lassen. Er, der bisher die Zügel in der

Hand hielt, muss sich nun anzuvertrauen lernen: seinem Gott, den er in Jesus Christus bekämpfte; seiner eigenen Gebrechlichkeit; seinen eigenen Grenzen; seiner inneren Stimme und seiner eigentlichen Berufung.

Drei Tage also ist er blind und gezwungen, sich zu reflektieren und sich für ein gewandeltes Gottesbild zu öffnen. Daraus entsteht sein neuer Weg. Er ist immer noch eifrig und zielstrebig. Er ist immer noch unsicher, was seine Person angeht, aber er setzt nun seine Intelligenz und seine wachsende Liebe für die Anhänger/innen Christi und die Verbreitung der Frohen Botschaft ein. Gewandelt wird er fähig, die Liebe neu zu definieren und zu leben. Wir erinnern uns gern an seine poetische Aussage zum Wesen der Liebe (1 Korinther 13).

Saulus (sein latinisierter hebräischer Name) wurde zum Paulus (sein griechischer Name, mit dem er seine christlichen Briefe unterschreibt). Als liebende bzw. treibende Kraft steht Gott hinter dieser Wesensverwandlung. Mit Gott als Kraftquelle, mit Gott als Anker des Vertrauens kann ich zur (Selbst-)Liebe vordringen, wenn ich mich auf die Umkehr, auf die Wandlung einlasse. Mit Gottes Unterstützung kann ich annehmen, was schiefgelaufen ist, und entwickeln, was in mir an Potenzial oder Charisma vorhanden ist.

Und so stellt Paulus keine Haftbefehle mehr aus, sondern schreibt stärkende theologische und charismatische Briefe an die neuen Gemeindemitglieder. Und nur so, mit Gott im Rücken und im Herzen, konnte die christliche Botschaft in die Welt hinausgetragen werden. Für Gott ist nichts unmöglich. Weil Paulus in Gottes Augen wertvoll und teuer ist, kann er zur Liebe durchdringen.

## Gott liebt auch unbequeme Menschen

Gott liebt also auch Menschen, die eine »verkorkste« Biografie mitbringen. Ein weiteres Beispiel dafür ist Mose aus dem Alten Testament, der uns im I. Kapitel bereits begegnet ist. Er, ein Hebräerjunge, sollte eigentlich schon als Baby getötet werden. Durch die Intelligenz seiner Schwester Miriam wurde er jedoch der Pharaonentochter in die Hände gespielt. Über sie kam er an den Hof des wohl reichsten und gebildetsten Herrschers der damaligen Zeit. Dort wurde Mose unterrichtet und entsprechend der Kultur des ägyptischen Königshofes erzogen.

Aber im Herzen blieb er ein Hebräer, der zwischen zwei Welten hin- und hergerissen wurde. Im Einsatz für seine hebräischen Stammesgenossen ließ er sich wütend zu einem Totschlag hinreißen, um sich gegen die Unterdrückung durch einen ägyptischen Aufseher zu wehren. Diese Untat zwang ihn zur Flucht vor der ägyptischen Justiz.

Er verbrachte Jahre als Hirt in der Wüste, ehe Gott ihn im brennenden Dornbusch (vgl. Exodus 3) aufforderte, die Hebräer aus den Fesseln der Ägypter zu befreien. Es dauerte über 40 Jahre und erforderte seinen vollen Einsatz, bis dieser Befreiungsschlag mit dem Einzug ins Gelobte Land gelang.

Es war eine lange Zeit der intensiven Auseinandersetzung zwischen Mose und Gott sowie zwischen Mose und dem oft sehr aufsässigen Volk. Mose, ein Verirrter, ein Ausgesonderter, wurde zum Abgesandten Gottes auf dessen Geheiß. Wenn Mose auch an seinen Fähigkeiten zweifelte und sich am liebsten dieser Verantwortung entzogen hätte – mit Gottes Kraft konnte er diesen Weg der Umkehr oder der inneren Einkehr erfolgreich gehen. Diese Wege sind nicht einfach, aber mit Gottes Zuspruch und Liebe sind sie offensichtlich begehbar. So konnte Mose auf dem herausfordernden Weg lernen, sich selbst mit all seinen Seiten anzunehmen und sich von Gott geliebt zu wissen.

Gott scheint jedem Menschen nachzulaufen, ihm/ihr eine Fülle an Chancen zur Verwirklichung des ursprünglichen Charismas zu ermöglichen. Umkehr, Selbstreflexion und Einlassen auf die göttliche Führung eröffnen Wandlung. Mit dieser Erkenntnis kann wohl ein jeder williger Mensch an Wegkreuzungen, selbst wenn am Boden liegend, selbst wenn vorübergehend blind und orientierungslos, auf den Weg der Liebe (zurück-)finden.

wenn ich Stille zulasse
den Staub berühre
mein inneres Licht
im Dunkel erahne
und göttliche Ermutigung höre
ist es höchste Zeit
den Weg zu meiner innersten Bestimmung
einzuschlagen
und in mir
und dir
anzukommen

Liebe ist der Preis

## Der Weg der Liebe

Liebe ist … für jede und jeden von uns etwas anderes. Ein Gefühl, ein Erleben, eine Berührung, ein Zustand, eine Haltung, eine Tat, ein Sinneseindruck …

ICH LIEBE MICH
Ich ziehe mich an einen gemütlichen Ort zurück,
wo ich mich wohlfühle und wo ich für eine
geraume Zeit auch ruhig werden und sein kann.
Dort setze ich mich bequem hin und entspanne mich.
Ich achte auf meinen Atem und lasse ihn kommen,
fließen und gehen.
Mit jedem Atemzug werde ich ruhiger
und gegenwärtiger.
Mit jedem Atemzug streichle ich mich
und meine Seele. Es tut gut, absichtslos hier zu sein.
Es tut gut, mich mir zuzuwenden.
Ich lege meine Hände auf meinen Bauch
und spüre die entstehende Wärme,
das Auf und Ab meines Ein- und Ausatmens.
Es tut gut, mich selbst zu berühren.
In der Berührung meiner Leibesmitte
komme ich bei mir selbst an.
Ich berühre meine Mitte.
Ich komme zu mir.
Ich schenke mir jene Wärme, die Liebe gedeihen lässt,
die mich aufblühen lässt.
Liebe, die wärmt, die nährt, die mein Leben erhellt.
Liebe, die aus dem göttlichen Kern in mir zu mir fließt,
mich geborgen hält.

wenn ich ruhe in mir
find' ich Ruhe in dir
fang' ich an zu lieben

wenn ich ruhe in dir
find' ich Ruhe in mir
fang' ich an zu lieben

*Text und Melodie: Angelika Gassner*

Im Zustand der Ruhe bin ich offen für Gedanken und Gefühle. Offen und vertrauend stelle ich mir folgende Fragen:

- Wie fühlt sich Liebe an?
- Was bewirkt Liebe in mir und in dir?
- Wozu befähigt Liebe mich und dich?
- Was oder wen liebe ich so, dass ich dadurch Sinn und Glückseligkeit erlebe?
- Wie drücke ich meine Liebe aus?
- Wer hat mich so geliebt, dass ich mich selbst lieben kann?

Bilder, Erinnerungen, Erlebtes, Sehnsüchte steigen in mir auf. Ich bin bereit, sie zu meditieren oder sie

ziehen zu lassen. Das, was mich erfüllt, inspiriert und nährt, nehme ich zu mir. Ich kann diese Bilder atmend in meiner Mitte verankern oder – nach dieser Zeit des Ruhens und Besinnens – aufschreiben. Diese »Offenbarungen« gehören auch zu meinen inneren Schätzen und können leibhaftig ins Leben geliebt und umgesetzt werden: an mir und an anderen.
Wenn ich noch einen spirituellen Schritt weitergehen möchte, dann nehme ich meine Erfahrung mit der göttlichen Liebe in diesen Zeitraum mit. Ich erinnere mich an Ereignisse, Lebensphasen, Momente, in denen ich mich von Gott geliebt, geschützt, gesegnet erlebte.

- Ich spüre dem Schutz und dem göttlichen Ja nach.
- Ich fühle die Geborgenheit der göttlichen Zuwendung – ich kann mich dabei selbst umarmen und damit festigen. In jedem Atemzug atmet Gottes Geist in mir.
- In jedem Atemzug schenkt Gott mir Lebensgeist.

atmend
das göttliche
Ich bin
vergegenwärtigen

Das Göttliche ist in mir beheimatet. Ich kann mich getrost und zuversichtlich in mir selbst beheimaten. Ich darf mich lieben. Ich darf mir selbst Geborgenheit und Fürsorge schenken. Ich darf es, weil Gott mich liebt und zur Liebe befähigt.

Ich verweile in dieser zärtlichen Zuwendung, solange ich sie genieße. Dann löse ich meine Arme allmählich von meinem Körper und bewege die Finger, die Zehen, die Schultern. Ich spüre den Boden, der mir Halt gibt, das Rückgrat, das mir Haltung gibt, den Kopf, der mir bestätigt, dass ich wertvoll und geliebt bin.
Wenn ich bereit bin, öffne ich die Augen und schaue zunächst auf etwas in diesem Raum, das mir guttut. Danach komme ich bewusster ins Hier und Jetzt zurück. Ich weiß um die erlebte Erfahrung und ich weiß, dass sie abgespeichert ist und ich sie jederzeit wieder abrufen kann, um mich daran zu erfreuen und aufzubauen.

## Der Geist der Liebe

Der Heilige Geist ist der Lebenshauch, mit dem Jesus seine Jünger/innen vor der Himmelfahrt angehaucht hat. Dieser Geist soll uns bestärken und begleiten, anfeuern und inspirieren, lebendig machen und ins Leben befreien.

*Denn die Liebe Gottes ist ausgegossen*
*in unsere Herzen durch den Heiligen Geist,*
*der uns gegeben ist.*
*(Römer 5,5)*

Dieser Geist ist in jedem Atemzug als Zusage Gottes in mir lebendig. Dieser Geist, so sagt der Apostel Paulus, nährt unsere Herzen mit göttlicher Liebe. Diese Liebe gilt es am Leben zu erhalten, indem wir sie einsetzen und spürbar machen.

*Ein neues Gebot gebe ich euch: Liebt einander!*
*Wie ich euch geliebt habe, so sollt auch ihr einander lieben. Daran werden alle erkennen, dass ihr meine Jünger seid: wenn ihr einander liebt.*
*(Johannes 13,34–35)*

Dieses Gebot scheint die drei von Jesus früher genannten Liebesgebote zusammenzufassen: Liebe Gott und liebe den Nächsten, die Nächste wie dich selbst. Wie ich euch geliebt habe, so liebe dich selbst und liebe die anderen.

Jesu Liebesfähigkeit und Liebestaten sind in den Evangelien ausführlich berichtet. Er hat Zeugnis dafür abgelegt, was Liebe ist – bis zur Selbsthingabe.

Es ist eine tätige Liebe;
eine barmherzige Liebe;
eine den Menschen in seiner Würde
wahrnehmende Liebe;
eine den Menschen in seine Verantwortung
übergebende Liebe;
eine befreiende und Achtung schenkende Liebe;
eine bedingungslose Liebe;
eine ehrliche Liebe;
eine unterstützende und heilsame Liebe;
eine hingebungsvolle Liebe;
eine Gemeinschaft stiftende Liebe;
eine fürsorgliche Liebe;
eine berührende und zärtliche Liebe;
eine Vertrauen stiftende Liebe;
eine tief empfundene Liebe;
eine aus Gottes Liebe gespeiste Liebe

du kommst herab
Atem Gottes
hauchst mir
Freude und Liebe ein

jede Zelle meines Seins
schwingt mit deinem Segen
singt die Melodie deines Herzens
jubelt dir zu

zur Ehre Gottes
zum Wohle aller[3]

So könnte ich die Liebe in mein Leben integrieren.
So könnte ich mich selbst lieben.
Jeden Tag ein wenig mehr.
Jeden Augenblick ein wenig bewusster.

## Das Hohelied der Liebe

Das schönste und höchste, das sinnlichste Buch im Alten Testament dürfte ca. 400 Jahre vor Christus entstanden sein. Es beschreibt die Sexualität farbenfroh und voller sinnlicher Düfte. Es ist eine Ode an die sinnlich-erotische Liebe. Es lädt mich ein, in meiner Leiblichkeit, in meiner Sehnsucht und in meiner Ausdrucksstärke Liebe zu leben. Beim Lesen des alten Hymnus kann ich die Bilder gedanklich in mir entstehen lassen, die Düfte einatmen, die Berührungen in mich sickern lassen. Beim Erspüren des Textes kann ich mich selbst als diese Frau sehen und bewundern (Männer können sich mit dem Geliebten im Hohelied 5,10–16 identifizieren).

*Siehe, schön bist du, meine Freundin,*
*siehe, du bist schön.*
*Hinter dem Schleier deine Augen wie Tauben.*
*Dein Haar gleicht einer Herde von Ziegen,*
*die herabzieht von Gileads Bergen.*
*Deine Zähne sind wie eine Herde*
*frisch geschorener Schafe,*
*die aus der Schwemme steigen,*
*die alle Zwillinge haben,*
*der Jungen beraubt ist keines von ihnen.*
*Wie ein purpurrotes Band sind deine Lippen*
*und dein Mund ist reizend.*
*Dem Riss eines Granatapfels gleicht deine Wange*
*hinter deinem Schleier.*
*Wie der Turm Davids ist dein Hals,*
*in Schichten von Steinen erbaut;*
*tausend Schilde hängen daran,*
*lauter Waffen von Helden.*
*Deine Brüste sind wie zwei Kitzlein,*
*die Zwillinge einer Gazelle,*
*die unter Lilien weiden.*
*Wenn der Tag verweht und die Schatten fliehen,*
*will ich zum Myrrhenberg gehen,*
*zum Weihrauchhügel.*
*Alles an dir ist schön, meine Freundin,*
*kein Makel haftet dir an.*
*Mit mir vom Libanon, Braut,*
*mit mir kommst du vom Libanon,*

*vom Gipfel des Amana steigst du herab,*
*vom Gipfel des Senir und des Hermon,*
*von den Lagern der Löwen,*
*von den Bergen der Panther.*
*Verzaubert hast du mich, meine Schwester Braut;*
*verzaubert mit einem Blick deiner Augen,*
*mit einer Perle deiner Halskette.*
*Wie schön ist deine Liebe, meine Schwester Braut,*
*wie viel süßer ist deine Liebe als Wein,*
*der Duft deiner Salben köstlicher*
*als alle Balsamdüfte.*
*Honigseim tropft von deinen Lippen, Braut,*
*Honig und Milch sind unter deiner Zunge.*
*Der Duft deiner Kleider ist wie der Duft des Libanon.*
*Ein verschlossener Garten ist meine Schwester Braut,*
*ein verschlossener Born, ein versiegelter Quell.*
*An deinen Wasserrinnen –*
*ein Granatapfelhain mit köstlichen Früchten,*
*Hennadolden samt Nardenblüten,*
*Narde, Krokus, Gewürzrohr und Zimt,*
*alle Weihrauchbäume, Myrrhe und Aloe,*
*allerbester Balsam.*
*Die Quelle des Gartens bist du,*
*ein Brunnen lebendigen Wassers,*
*das vom Libanon fließt.*
*Nordwind, erwache! Südwind, herbei!*
*Durchweht meinen Garten,*
*lasst strömen die Balsamdüfte!*
*Mein Geliebter komme in seinen Garten*
*und esse von seinen köstlichen Früchten!*
*(Hohelied 4,1–16)*

- Wann habe ich mich (zuletzt) selbst ähnlich liebevoll und bewundernd betrachtet?
- Wenn ich mich im Spiegel oder auf einem Foto liebend anschaue, was entdecke ich an mir an Schönem?
- Welche Düfte verzaubern mich oder meinen Gaumen?
- Wenn ich einen Hymnus über mich selbst schreiben würde, wie würde er lauten oder klingen?

*Und Gott machte eine Frau aus mir,*
*mit langem Haar, Augen, Nase*
*und Mund einer Frau.*
*Mit runden Hügeln und Falten*
*und weichen Mulden,*
*höhlte mich innen aus*
*und machte mich zu einer Menschenwerkstatt.*
*Verflocht fein meine Nerven*
*und wog sorgsam*
*meine Hormone aus.*
*Mischte mein Blut*
*und goss es mir ein,*
*damit es meinen Körper*
*überall bewässere.*
*So entstanden die Gedanken,*
*die Träume,*
*die Instinkte.*
*All das schuf er behutsam*
*mit seinen Atemstößen*
*und seiner bohrenden Liebe,*
*die tausendundein Dinge,*
*die mich täglich zur Frau machen,*
*deretwegen ich stolz*

*jeden Morgen aufwache*
*und mein Geschlecht segne.*
*(Gioconda Belli[4])*

Poetisch und berührend beschreibt Gioconda Belli die Geburt der Frau aus Gottes Atemstößen. Und sie ist stolz auf sich selbst und segnet ihr Geschlecht. Ihre Selbstliebe wird zur Quelle der Nächstenliebe. Auch sie fordert mich auf, mich selbst zu würdigen, mich mit Liebe und Dankbarkeit zu betrachten. Was ich liebe, dafür setze ich mein Leben ein, dafür verwende ich Zeit und Sorgfalt, dafür lohnt es sich, zu sein und zu geben.

# IV

# Ich sorge liebevoll für mich selbst

Was fehlt mir? Was brauche ich? Was soll ich mir tun? – Diese Fragen werden mich in diesem Kapitel immer wieder beschäftigen. Ich werde mich diesen Fragen also stellen und nach Wegen suchen, wie ich sie beantworten kann bzw. wie ich sie mir in Form von Selbstfürsorge schenken mag.

## Ich benenne meine Bedürftigkeit

Ein wesentliches Grundbedürfnis ist es, gesehen zu werden. Indem ich von dir gesehen werde, bekomme ich Ansehen. Indem ich mich selbst sehe, wahr- und ernst nehme, gebe ich mir selbst jene Wertschätzung, die ich brauche, um zufrieden zu sein.

Wenn mein Urbedürfnis, gesehen und erkannt zu sein, in meinen ersten Lebensjahren nicht befriedigt wurde, bin ich in meinem Urvertrauen verletzt. Es lebt sich schwerer mit einem geringen Urvertrauen. Ein Schmerz, ein Mangel bleibt zurück, ein Sehnen und eine Not überleben. Ein verletzter Mensch ist (und bleibt) vulnerabel, verletzlich.

Seit Covid-19 ist das Wort »vulnerabel« zum Allgemeingut geworden. Die Vulnerabilität hat in viele Bereiche der Wissenschaft, Psychologie und Theologie Aufnahme gefunden. Unsere Gesellschaft hat durch eine Pandemie und durch einen Angriffskrieg aktuell erfahren, dass der anhaltende Machbarkeitswahn zerstörerisch ist. Wir sind, ich bin verletzlich, angreifbar, begrenzt. Und deshalb bin ich aufgerufen, mich zu schützen, mich selbst gut und fürsorglich zu versorgen.

Das Liebesgebot bedeutet auch, alles Verletzte und Begrenzte zu würdigen und Wege zur Heilung zu begehen. Dass Gott in Jesus Christus Mensch und damit verletzbar und sogar tötbar wurde, ist wohl die größte Zusage göttlicher Liebe an jedes Menschenkind.

Ich darf und soll mir also meine Bedürftigkeit und meine Verletzlichkeit eingestehen und sie in mein Leben integrieren. Nicht nur ich will gesehen werden, sondern auch diese bedürftige Seite in mir muss gesehen werden.

Während ich diese Zeilen schreibe, habe ich mein Bein hochgelagert. Infolge eines Bandscheibenvorfalls und vorübergehender Lähmungserscheinungen war ich mehrfach gestürzt und hatte mir eine Bänderzerrung zugezogen. Ich lag hilflos am Boden, richtete mich auf, aber nach ein paar weiteren Schritten lag ich wieder auf der Straße. Ich schleppte mich verletzt nach Hause.

Meine Ohnmacht, Hilflosigkeit und Angewiesenheit trafen mich völlig unvorbereitet. Da ich selbst nicht mehr Auto fahren konnte, musste ich eine logistische Leistung vollbringen, um für alle Arzttermine Chauffeur/innen zu finden. Ich wurde eingegrenzt, mein Bewegungsradius war limitiert. Ich musste mir völlig ungewohnt Unterstützung von außen organisieren. Ich fühlte mich zurückgeworfen auf mich selbst. *So schnell kann es gehen, so vulnerabel kann ich trotz Selbstwirksamkeit und Resilienz sein.* Ich war gezwungen, umfassend für mich Sorge zu tragen, damit der Heilungsprozess möglich wurde.

Neue Menschen kamen in dieser Phase in mein Leben, Menschen, die meine Verletzung sahen und mich auf die eine oder andere Weise entlasten konnten. Fürsorge, gesehen werden in der Not, in der Schwäche und in der Bedürftigkeit, das ist das Gebot der Selbstfürsorge. Sie gelingt nur, wenn ich die Verletzlichkeit annehme und sichtbar mache. Das geht uns alle an. Das geht mich an.

### Barmherzigkeit und Empathie

Wie soll ich mich und meine Nächsten lieben?, wird Jesus von Gesetzeslehrern gefragt.

- Wer ist mein Nächster, meine Nächste, den/die ich mit meinem ganzen Herzen, meiner ganzen Seele, mit meiner ganzen Kraft und meinem ganzen Denken wie mich selbst lieben soll?
- Wie kann ich mir und anderen barmherzige Liebe spürbar machen?
- Wie helfe ich angemessen in der Not?
- Wie gehe ich mit mir selbst um, wenn ich mal schwach und angewiesen bin?

Jesus antwortet mit einem Gleichnis und in vertrauten Bildern.

> *Ein Mann ging von Jerusalem nach Jericho hinab und wurde von Räubern überfallen. Sie plünderten ihn aus und schlugen ihn nieder; dann gingen sie weg und ließen ihn halbtot liegen. Zufällig kam ein*

*Priester denselben Weg herab; er sah ihn und ging vorüber. Ebenso kam auch ein Levit zu der Stelle; er sah ihn und ging vorüber. Ein Samariter aber, der auf der Reise war, kam zu ihm; er sah ihn und hatte Mitleid, ging zu ihm hin, goss Öl und Wein auf seine Wunden und verband sie. Dann hob er ihn auf sein eigenes Reittier, brachte ihn zu einer Herberge und sorgte für ihn. Und am nächsten Tag holte er zwei Denare hervor, gab sie dem Wirt und sagte: Sorge für ihn, und wenn du mehr für ihn brauchst, werde ich es dir bezahlen, wenn ich wiederkomme. Wer von diesen dreien, meinst du, ist dem der Nächste geworden, der von den Räubern überfallen wurde? Der Gesetzeslehrer antwortete: Der barmherzig an ihm gehandelt hat. Da sagte Jesus zu ihm: Dann geh und handle du genauso!*
*(Lukas 10,30–37)*

Der Levit und der Priester sind von Amts wegen zur Nächstenliebe verpflichtet, denn sie predigen sie ja auch. Beide gehören zu einer Gruppe von Menschen, die Gott verehren, dem Gottesdienst vorstehen und Vorbilder im Glauben sind. Denkt man/frau. Sie reden dienstlich häufig über das Liebesgebot, aber da es jetzt gerade nicht in ihren Zeitplan passt, gehen sie an einem verletzten Menschen vorbei. Sie wollen die Bedürftigkeit, die Vulnerabilität nicht sehen, sich nicht von ihr in Dienst nehmen lassen. Ihrer religiösen Rede folgt keine glaubwürdige Tat. Sie ignorieren den Überfallenen, riskieren nicht, womöglich selbst verletzt zu werden. Sie gehen weiter. Sie könnten andere davon in Kenntnis setzen und eine Rettungskette auslösen, aber sie tun auch das nicht. Sie sind sorglos, es fehlt ihnen aktuell an der nötigen Nächstenliebe.

Im Kapitel zur eigenen Grenzsetzung habe ich darauf hingewiesen, dass wir uns selbst mitunter schützen müssen. Angenommen, ich stehe selbst unter Druck, bin erschöpft, meine Kraftreserven sind schon fast aufgebraucht, dann kann es mir wie dem Leviten oder dem Priester gehen: Ich schaffe es jetzt nicht, auch noch einer anderen bedürftigen Person etwas zu geben. Das kann in so einer Grenzsituation legitim und vernünftig sein.

Dennoch kann ich auch unter solchen Bedingungen die verletzte Person im Straßengraben wahrnehmen, ihr meine Aufmerksamkeit schenken und ihr vermitteln, dass ich die nötige Hilfe holen werde. Damit habe ich meine und ihre Würde bewahrt. Selbst wenn ich am Ende meiner eigenen Kräfte bin, kann ich auf diese Weise liebevoll sein. Die verletzte Person weiß dann, dass sie in ihrer Hilfsbedürftigkeit wahrgenommen wurde und nicht ignoriert wird. Das liebevolle Nein wird damit umgesetzt. Trotz meines Neins sorge ich jedoch dafür, dass andere den Dienst übernehmen. Einfach weiterzugehen und nichts zu tun könnte rechtlich als unterlassene Hilfeleistung geahndet werden und auf mich zurückfallen.

Der Samariter gehört einer Menschengruppe an, die von »rechtgläubigen« Leviten und jüdischen Priestern als Ungläubige verachtet und gemieden wird. Der Samariter hat Herz, er erbarmt sich des Verunglückten. Auch er ist auf dem Weg zu einem Ziel, steht vielleicht unter Zeitdruck. Aber er ist empathisch, sieht die Not und bleibt nicht nur stehen, sondern wird tätig. Er nimmt das, was er zur Verfügung hat, und macht die Erstversorgung. Für die

Ausführung der weiteren Versorgung bezahlt er Expert/innen, die durch den Wirt herbeigerufen werden.

Der barmherzige Samariter tut, was er kann, und lässt andere, die noch mehr können, das Ihre tun. Er kennt seine Grenzen, lässt sich aber von der Hilflosigkeit des verletzten Menschen innerlich berühren und wird fürsorglich Handelnder. Der barmherzige Samariter wird auf seiner Rückreise sogar überprüfen, ob der Verwundete wirklich entsprechend versorgt wurde. Durch seinen beherzten Einsatz, sein spontanes Tun und die übernommene Verantwortung rettet er ein Menschenleben.

Im sozialen und pastoralen Umfeld gibt es viele Menschen, die wie der barmherzige Samariter zupacken und helfen. Manche tun dies über ihre eigenen Grenzen hinaus und über die Grenzen der anderen hinweg. Dabei kann ein Übereifer entstehen, der beide Parteien gefährden kann: z. B. wenn ich permanent über meine Kraft gehe und dabei vielleicht auch den Punkt übersehe, wo der/die andere bereits Eigenverantwortung übernehmen könnte oder wo es eigentlich Expert/innen bräuchte.

In manchen Menschen ist ein Überschuss an Empathie vorhanden, ein sogenanntes Helfersyndrom ist am Werk. Ich werde vielleicht innerlich angetrieben, *allen* zu helfen, *alle* zu lieben, *alle* zu retten. Das kann aus einer eigenen tiefen Wunde heraus geschehen: Vielleicht war ich selbst sehr früh bereits verletzt und wurde alleingelassen, nicht getröstet, nicht versorgt. Der entstandene Schmerz, die tiefe Verlassenheit treibt mich nun an, in anderen eine ähnliche Not zu besänftigen. Ich fühle mich innerlich aufgerufen, Gutes zu tun, zuzupacken, Not zu wenden, Wunden zu verbinden und Heilung zu ermöglichen. Wenn das

Maß, in dem ich es tue, ausbalanciert ist, dann ist es gut. Wenn ich es aber übermäßig, bis an den Rand meiner eigenen Kraft und pausenlos tue, dann besteht Gefahr für meine eigene Gesundheit und mein eigenes Heil.

Gerade in christlich-pastoralen Umfeldern gibt es eine große Bereitwilligkeit, anderen zu helfen, teilweise auch andere zu retten bzw. zu heilen. Wer diese Einstellung erlernt hat, sich dabei auch (phasenweise) überfordert, kann vielleicht folgende Gedanken als Entlastung auffassen: Jesus selbst konnte nicht alle, sondern nur viele Menschen *heilen*. Er hat aber am Kreuz alle Menschen *gerettet*. Damit hat Jesus selbst jede und jeden endgültig und umfassend aus der vermeintlichen Retter-Rolle entlassen.

Schauen wir nochmals genauer hin, was der Samariter tut. Er sieht die Not, bleibt stehen, bildet sich ein Urteil über das Maß der Verletzung, setzt die vorhandene Kompetenz ein und übergibt den Rest an jene, die weitere Kompetenzen besitzen: an den Wirt, der den Ort der Erholung bieten kann; an die Ärzt/innen, die die Wunden fachmännisch behandeln; an ein Rehazentrum, welches die Regeneration unterstützt; an die entsprechenden Therapeut/innen. Er tut das zunächst Nötige – und dazu gehört auch das Delegieren an Expert/innen.

Darüber hinaus aber geht er noch einen Schritt weiter, indem er sich später erkundigt, ob es der verletzten Person auch wirklich gut geht, ob das Erforderliche auch wirklich getan wird. Damit ermöglicht er der Person, die ihm auf seinem Weg begegnete, ihre Dankbarkeit auszudrücken und so ihn aus seiner Verantwortung zu entlassen. Jetzt kann er sich befreit wieder seinem eigenen Leben zuwenden.

*Tu, was du kannst, mit dem, was du hast, dort, wo du bist! (Theodore Roosevelt, 1858–1919)*

Der Samariter hat seine eigenen Grenzen gewahrt und dabei liebend das in der Situation Nötige in die Wege geleitet. Dieses selbstwirksame, lösungsorientierte und zielgerichtete Handeln ist getragen von einer menschlichen Energie, die heilsam ist, ohne über das eigene Maß hinwegzugehen. Er hat die Last der Rettungsaktion nicht auf seine eigenen Schultern genommen, sondern auf viele Menschen verteilt. Damit war das Wohl der verletzten Person das Ziel und es entstand keine Abhängigkeit zwischen Retter und Geretteter/Gerettetem.

*Ein fühlendes Herz ist der edelste Reichtum. (Jean Paul, 1763–1825)*

Es braucht Empathie, ein mitfühlendes Herz, Handlungsbereitschaft, Selbstwirksamkeit und emotionale Intelligenz, um so wie der barmherzige Samariter einem Verletzten das Ansehen zu geben. Wir sind doch alle irgendwann einmal Bedürftige und wir können alle immer wieder Rettende sein. In der Annahme meiner bedürftigen Seiten und in der angemessenen Sorge darum werde ich mir selbst und anderen gegenüber fürsorglich(er) und liebend(er). Nur so überleben wir Krisen und Herausforderungen. Nur so überwachsen wir Verletzungen und ermöglichen wir Heilung. Nur so erweise ich mich als Liebende, als Liebender.

*Dem Bedürftigen zu geben heißt nicht schenken, sondern säen. (Baskisches Sprichwort)*

Was hat dieses Gleichnis mit meinen eigenen Bedürfnissen zu tun? Ich will doch im Grunde stark und heil sein! Damit ist aber ein Grundbedürfnis schon klar. Ich werde mich selbst immer wieder stärken wollen, um mich rund, heil, gesund und lebendig zu fühlen. Ich werde also achtsam sein, um zu spüren, was in mir unrund, nicht heil, ungesund und leblos ist. Ich werde also selbst hinschauen, was ist, und erfühlen, was getröstet und genährt werden will.

Und ich werde selbst die Erstversorgung für meine Wunden, Kratzer, Brüche in die Wege leiten: mit gutem Öl sanft die offenen Stellen berühren und damit die Heilung anregen durch Nähe, Trost, Zuwendung und Verwöhnung. Ich werde mir Gutes tun und tun lassen, ich werde mir Ruhe gönnen, damit der Heilungsprozess seinen natürlichen Verlauf nehmen kann. Ich werde mich mit liebevollen Menschen umgeben und Dinge tun, die Balsam für meine Seele sind. Ich werde mir damit Ansehen geben und dabei wieder ins Lot kommen und das gute Maß entdecken. Ich werde mir selbst gegenüber barmherzig sein – das bedeutet, mich selbst ans Herz nehmen und liebhaben, denn ich bin liebenswert!

## Ich erweise mir fürsorgliche Liebe

Wenn meine beste Freundin, mein bester Freund von Räubern überfallen verletzt im Straßengraben liegt, was tue ich dann in der Folge für sie oder ihn?

Vielleicht kann ich mir das jetzt ausmalen und sogar eine Liste machen und aufschreiben, was mir alles einfällt, um dieser mir nahestehenden Person Gutes zu tun.

Vielleicht weiß ich genau, was sie oder er in dieser Notsituation am liebsten hätte oder erfahren würde, um aufgemuntert und getröstet zu sein.

- Welche von den Tätigkeiten oder inneren Haltungen, die ich auf die Liste geschrieben habe, die ich für meine beste Freundin, für meinen besten Freund einsetze, wende ich auch auf mich selbst an?
- Wie behandle ich mich selbst, wenn ich bedürftig, traurig, verletzt bin?
- Wie erweise ich mir selbst meine Liebe?

verletzt
blute ich vor mich hin
verlassen und allein

es schreit und weint in mir

nehme mich in den Arm
streichle meine Tränen von meiner Wange
berühre mich zart
singe mir ein Liebeslied
wiege mich in Geborgenheit
und sage mir zu
ich liebe mich

Ich kann mich mir selbst liebend zuwenden. Ich kann mir selbst Trost und Geborgenheit schenken. Es ist möglich und nötig – ich bin mir selbst am nächsten! Damit entlaste ich andere, die nicht immer geben können, die nicht immer da sein können, die nicht immer halten können. Wenn ich mich selbst nicht verlasse, bin ich nicht verlassen.

*Nie sollen Liebe und Treue dich verlassen;*
*binde sie dir um den Hals,*
*schreib sie auf die Tafel deines Herzens!*
*Dann erlangst du Gunst und Beifall bei Gott*
*und den Menschen. (Sprichwörter 3,3–4)*

So wende ich mich liebevoll meinen Bedürfnissen zu und schaue selbstverantwortlich, wie ich sie befriedigen kann, und bleibe mir dabei treu.

### Auf der Ebene des Körpers

Mein Körper braucht Nahrung, Berührung, Schutz, Bewegung, Entspannung und Schlaf. Wenn mein Körper diese Grundbedürfnisse befriedigt bekommt, kann ich mich auch in meiner Haut wohlfühlen. Die folgenden Fragen sollen mich dabei begleiten, dem auf die Spur zu kommen, was mir guttut und was mich stärkt.

*Ruh dich aus, iss und trink und freue dich!*
*(Lukas 12,19)*

#### Nahrung

- Wie bewusst und gesund ernähre ich mich?
- Was ist mein Lieblingsobst?
- Was ist mein Lieblingsgemüse?
- Was ist meine Lieblingshauptspeise?
- Was ist meine Lieblingsnachspeise?
- Mit welchem Nahrungsmittel belohne ich mich?

- Was ist mein Lieblingsgetränk?
- Trinke ich genügend Wasser, heilsamen Kräutertee?
- Mit wem trinke ich am liebsten mein Lieblingsgetränk?
- Was ist das gesunde Maß an Essen, Genießen, Fasten?

Vielleicht mag ich mir angewöhnen, bewusster zu essen und zu trinken. Das bedeutet u. a., dass ich das Nötige auch daheim habe oder gezielt einkaufe. Es heißt aber auch, dass ich auf die entsprechende Zeit und Geschwindigkeit beim Speisen achte. Kauen, das Gute auf der Zunge zergehen und mit dem Gaumen den Genuss wirksam werden lassen. Der Tisch ist liebevoll gedeckt, es gibt bunte Servietten und bei besonderen Gelegenheiten immer wieder auch das Sonntagsgeschirr. Das Mahl wird zelebriert und mit lieben Menschen gefeiert, dem Anlass angepasst. Ich kann eine Kultur des Essens und Feierns für mich entwickeln, mir und dir dabei auch Freude bereiten und damit »Hochzeiten« ermöglichen.

Es hat eine andere Qualität, die Mahlzeit so zu pflegen, anstatt in Windeseile ein paar gekaufte Sandwiches oder einen Müsliriegel hinunterzuwürgen, damit der schlimmste Hunger gestillt ist. Es geht darum, auch meine Sinne, meine Ästhetik zu beglücken, und den Magen natürlich auch. Das Endergebnis soll aber die Gesunderhaltung meines Körpers sein. Bewusste und gesunde Ernährung ist für die Selbstfürsorge unerlässlich.

Wie wäre es also mit einer kleinen Feier im Freundeskreis, in der es entweder die Lieblings-Vor- oder -Haupt- oder -Nachspeise gibt? Bitte nicht zu lange hinausschieben, aber das Wasser darf mir jetzt schon im Mund zusammenlaufen. Und sollte ich selbst nicht die Zeit haben, umfangreich zu kochen, kann es auch eine Idee sein, die einzelnen Gerichte von den geladenen Freund/innen zu erbitten. Wir könnten ja miteinander teilen und das essen, was jede/r mitgebracht hat!

### Berührung

- Welche Berührungen tun mir wohl?
- Wie fühlt sich eine zärtliche Berührung an?
- Von wem lasse ich mich gern berühren?
- Wie wohltuend wäre jetzt eine (Eigen-)Massage?
- Wie sinnlich ist meine Körperlichkeit und Sexualität?
- Wie fühle ich mich in meinem Körper am wohlsten?

Es gibt vielleicht Düfte, Salben, Öle, die ich liebe, die mir auch auf der sinnlichen Ebene wohltun bzw. die einen Heileffekt haben. Ich kann mir immer öfter nach dem Duschen oder Baden Zeit schenken und mich mit diesem wohltuenden Öl selbst zärtlich berühren. Oder, wenn ich eine intime Beziehung habe, auch die Partnerin, den Partner bitten, dies für mich zu tun. Mit Fingerspitzengefühl sanft die Salbe in meine Haut einreiben und ganz in der Berührung präsent sein. Das kann unter die Haut gehen und vertraute Beziehung stiften.

### Schutz

- Wie schütze ich meinen Körper?
- Welche Hautcremes oder Medikamente schützen bzw. stärken meinen Körper?
- Welches Kleidungsstück bietet mir Geborgenheit?
- Welche Schutzkleidung habe ich, um nicht nass oder krank zu werden?

- Sind meine Schuhe bequem und fördern sie meine Haltung bzw. meinen Rücken?
- Hat mein Körper im Umfeld die angenehme Wärme?
- Wie schütze ich mich vor unangenehmen Berührungen?
- Wie schütze ich mich ganzheitlich vor beängstigenden Begegnungen?

Schutz und Sicherheit gehören zu den Grundbedürfnissen, die das Überleben des Säuglings gewährleisten müssen. Das richtige Raumklima, stärkende Hände, bergende Arme, der sichere Schoß der Bezugsperson in den ersten Jahren und später auch in erwachsenen Beziehungen sind zum guten Leben unverzichtbar.

Das Bedürfnis nach Schutz wird erweitert auf einen sicheren Platz im Leben; den richtigen und abgesicherten Arbeitsplatz; die eigene Wohnung; den Zusammenhalt in der Familie, in der Beziehung, in der Gemeinschaft. Die einzelnen Lebensbereiche müssen die Sicherheit bieten, dass ich nicht in meiner Existenz bedroht bin. Dies umfasst genauso die Kleidung, die meine Gesundheit schützen soll, wie auch das innere Gefühl, nicht durch Übergriffe oder durch Gewalt in meiner Freiheit beeinträchtigt zu werden. Es fängt bei mir als Kind an und hört bei mir als Erwachsener/m auf.

Mein Körper und meine Seele brauchen Schutz und Sicherheit auf allen Ebenen. Wenn mein Leben schon einmal oder mehrfach bedroht war, sei es körperlich, emotional oder existenziell, dann werde ich andere Schutzmaßnahmen benötigen, als wenn ich ein abgesichertes Leben führen darf. Meinen Umständen entsprechend sorge ich für den Schutz, den mein Leben und meine Seele brauchen. Es geht darum, hier rechtzeitig und angemessen auf meine Sicherheit zu achten und sie wo nötig auch einzufordern.

Ich kann aber auch heute schon damit beginnen, meine Grenzen zu benennen, sie zu wahren und – gegebenenfalls – auf ihrer Einhaltung zu bestehen. Und darüber hinaus kann ich täglich darauf achten, dass ich mein Leben und meine Gesundheit nicht selbst durch ungesunde Gewohnheiten oder durch Leichtfertigkeit schädige und beeinträchtige.

Manchmal muss ich meinen Geist vor eigenen Gedanken schützen, die Panik in mir erzeugen oder mich selbst abwerten. Es gibt auch Menschen und Situationen, die mir Angst einjagen, die mich nervös machen oder zutiefst verunsichern. Auch hier gilt es mich zu schützen, indem ich meine Gedanken gezielt ins Stärkende lenke oder auch Schutzrituale und Mutmacher einsetze.

Wie kann ich meinen Geist in eine gesunde Schutzhaltung bringen? Indem ich mir keine Horrorszenarien aufbaue und mich so hineinsteigere, dass ich in einer Panikattacke lande. Wenn ich spüre, dass ich mich in eine Negativspirale der Angst verstricke, dann versuche ich sofort meine Gedanken gezielt und fokussiert auf eine Situation zu lenken, in der ich eine ähnliche Herausforderung gemeistert habe.

Damals bin ich unverletzt und ohne bedeutsame Nebenwirkungen aus der Situation gekommen. Ich habe vielleicht sogar eine besondere Leistung vollbracht. Auf diese konzentriere ich mich. Ich gehe also gedanklich nochmals in diese Erfahrung hinein und schöpfe daraus die Kraft und die Zuversicht, dass ich auch in ähnlichen Situationen bestehe. *Ich schaffe das!* Ich kann dieses positive Szenario auch im Vorfeld imaginieren bzw. visualisieren. Ich bin die Heldin, der Held in dieser Szene. Ich bin stark und fähig, mutig und geschützt.

Als ich am Morgen meines Abiturs in den Wohnbereich kam, spielte mir mein Bruder überraschend »We are the Champions« von Queen. Das war so eine liebe Geste, die mich richtig aufputschte. Ich nahm diese Musik als Kraftquelle mit in die Prüfungen (und bestand sie auch). Musik kann stärken und beleben.

Es gibt auch kleine Zeichen und Symbole, die ich als Mutmacher bezeichne. Ich kann mir einen stärkenden Satz, einen biblischen Vers oder meine Affirmation (z. B. *Ich schaffe das!*) auf einen Zettel schreiben und diesen griffbereit in meiner (Hosen-)Tasche mitnehmen. Wenn mich der Mut verlässt, greife ich nach dem Satz und erinnere mich an Stärkendes. Dasselbe geht mit einem Schmeichelstein oder einem anderen kleinen Gegenstand, der mir Positives vermittelt. Nicht im Mutmacher selbst liegt die Kraft, sondern in der vermittelten Botschaft: »Es wird mir gelingen!« Oder »Mit meinem Gott überspringe ich Mauern!«

Vor einer unangenehmen Begegnung z. B. mit meiner Chefin, meinem Vorgesetzten, die/der die Tendenz hat, mich abzuwerten (das gibt es leider auch), kann ich ein Schutzritual vollziehen. Ich stelle mir vor, dass um mich herum ein Lichterkranz ist oder eine gläserne Glocke, die mich schützt. Durch diesen Schutzwall können negative Worte oder Aussagen nicht zu mir durchdringen, sie prallen vielmehr auf die Senderin, den Sender zurück oder werden im Wall absorbiert. Um dem Wall eine Realität zu geben, kann ich vor der Besprechung diesen Schutzkreis um mich herum mit meinen Händen ziehen.

Für gläubige Menschen gibt es immer die Möglichkeit, sich im Gebet zu stärken. Maria als Schutzmantelmadonna eignet sich sehr dafür, sie um ihren bergenden Mantel und um Segen zu bitten.

> Maria
> wende mir dein Antlitz zu
> ich suche bei dir Kraft und Stärkung
> damit ich daraus Mut schöpfen kann
>
> breite deinen Mantel über mir und allen aus
> die bei dir Schutz und Hilfe suchen
>
> führe mich zur Quelle deiner Liebe
> dem Ursprung allen Seins und Werdens
> und sende deinen Geist aus über mich
> damit ich gestärkt durch die göttliche Kraft
> sicher und selbstbewusst
> meine Wege gehe

**Bewegung**

- Wie schaut es mit meiner sportlichen Betätigung aus?
- Welche Bewegung bekommt mein Körper?
- Habe ich genügend Auslauf und gute Spannung?
- Welche Sportart(en) befreit bzw. befreien mich?
- In welchem Umfeld bewege ich mich am liebsten oder am spielerischsten?

Wenn es um Bewegung geht, kann ich dort mit einer neuen Routine beginnen, wo ich Spaß und Freude empfinde. Wenn ich z. B. als Kind gern mit meinen Geschwistern oder Freund/innen Federball spielte oder einfach wild auf einer Wiese herumtollte, dann kann das mein Ausgangspunkt sein. Denn diese ursprüngliche Bewegungsfreude gilt es wieder ins Leben zu holen. Also, wie wäre es jetzt mit Badminton oder mit einem spontanen Spaziergang über Felder und Wiesen?

Bewegung wird oft mit Höchstleistungssport verbunden und dann abgelehnt: *Nein danke, das ist nichts für mich! Auf dem Sofa ist es bequem, warum sollte ich mich anstrengen?!* Wenn ich diese Gedanken in mir wachhalte, werde ich zum Bewegungsmuffel.

Wie wäre es, gezielt diesem »inneren Schweinehund« die Wurst vor die Nase zu halten? Wenn du dich zu deinem Wohl bewegst, dir etwas mehr Auslauf gönnst, dann bekommst du ein kleines Leckerli zur Belohnung?! Klar, meine Belohnung ist keine Wurst, aber vielleicht ein spannendes Buch, ein selbstgepresster Fruchtsaft, ein Eis oder ein kühles Bier …

Sportarten können Menschen verbinden: Mannschaftssport oder gemeinsam Nordic Walken, in die Berge gehen, eine Runde schwimmen oder Radeln und danach ein herzhaftes Gespräch von Frau zu Frau, von Mann zu Mann oder in vertrauter Runde. Die Bewegung in der unberührten Natur, an einem See entlang, über die Berge, durch fremde Gegenden oder Länder – traumhaft! Es stärkt die Waden und die Seele.

Überzeugt? Wenn nicht, kann ich jederzeit mit kleinen Strecken, kleinen Herausforderungen beginnen und mich allmählich im eigenen Tempo ein wenig, aber spürbar steigern. Es befreit! Die Schritte werden sicherer, die Lust wird größer und die Kondition steigert sich in einem überschaubaren Maß. Wenn ich den kritischen Punkt meiner Bequemlichkeit einmal überwunden habe, werde ich mit Wohlfühlen belohnt.

*Auch ein Weg von tausend Meilen beginnt*
*mit dem ersten Schritt. (Japanische Weisheit)*

Wer sich eine biblische Motivation holen möchte, schaue z. B. auf Sara und Abraham, Miriam und Mose, Noomi und Rut, Tobias und Rafael, Maria und Josef, Paulus und Barnabas und nicht zuletzt Jesus Christus. Sie wanderten jahrelang, teilweise sogar lebenslang durch die Wüste, über die Steppen, in die Ferne und Fremde, über die Berge und am See entlang, unermüdlich bewegt und himmlisch begleitet.

*Der Engel sagte ihm: Ich werde mit ihm gehen. Und fürchte dich nicht! Wohlbehalten werden wir fortgehen und wohlbehalten zu dir zurückkehren, denn der Weg ist sicher. Da sagte Tobit ihm: Segen sei mit dir, Bruder! Und er rief seinen Sohn und sagte zu ihm: Bereite alles für die Reise, Kind, und zieh mit deinem Bruder fort! Gott im Himmel möge euch sicher führen und euch mir sicher und gesund zurückgeben! Und sein Engel begleite euch zu eurem Schutz, Kind! Tobias ging hinaus, um sich auf seinen Weg zu machen. Er küsste seinen Vater und seine Mutter und Tobit sagte ihm: Gehe wohlbehalten! (Tobit 5,17)*

### Entspannung

- Wie komme ich in die Entspannung?
- Was macht mich locker?
- Wo, wann mit wem fühle ich mich pudelwohl?
- Gönne ich meinem Körper genügend Ruhe?

Wenn ich meinen Gewohnheiten und Haltungen sorgsam Aufmerksamkeit schenke, wird mir wahrscheinlich erst so manches bewusst:

- Ich beiße die Zähne zusammen und strenge mich an.
- Ich lade mir viel Ballast und Last auf die Schultern.
- Ich verrenke mich ständig, um alles unter einen Hut zu bringen.
- Ich überfordere mein Gehirn mit Multitasking, Gedankenspiralen und negativen Glaubenssätzen.
- Ich verkrampfe mich vor schwierigen Gesprächen und während herausfordernden Tätigkeiten.
- Ich knirsche nachts mit den Zähnen.
- Ich reiße mich zusammen und nehme mir den Atem.
- Ich treibe mich selbst zu Höchstleistungen an.
- Ich übergehe die Notwendigkeit zu schlafen.

Wenn ich die eine oder andere Haltung kenne oder sie mir sogar zur zweiten Haut geworden ist, dann wäre es jetzt an der Zeit, mich in die Gegenbewegung einzuüben.

### Ich sorge für mich

Ich lockere meine Anspannungen.
Ich atme bis in meinen Bauch.
Ich löse den Kiefer und die Zunge
durch entsprechende Bewegungen.
Ich hüpfe und schwenke dabei meine Arme.
Ich kreise sanft mit Kopf, Nacken und Schulter.
Ich lege meine hohe Latte etwas niedriger –
damit kann ich mich leichter drüberschwindeln.
Ich organisiere mir Massagen und beginne
mit Rückenfit-Trainings.
Ich gönne mir regelmäßig und täglich Zeiten,
in denen ich auch meinen Kopf ausschalte und
in denen ich meinen Körper und meine Seele entlaste
(wie ich Pausen nutzen kann, habe ich ja schon
in den Kapiteln davor gelesen).
Wichtig ist aber, dass ich sofort damit beginne.

Also … jetzt unterbreche ich das Lesen,
mache die Augen zu und lasse mich und meinen
Körper buchstäblich einfach mal hängen:

Ich atme ein, durch und aus
und entspanne mich dabei immer mehr.
Ich bin völlig locker und fühle mich leicht
und getragen.
Es ist gut so. Ich bin gut so.

*Du kannst dein Leben nicht verlängern*
*noch verbreitern, nur vertiefen.*
*(Gorch Fock, 1880–1916)*

### Schlaf

- Gebe ich mir genügend Zeit zum Schlafen?
- Habe ich ein ruhiges Schlafzimmer?
- Habe ich eine gesunde Matratze und gute Bettwäsche?
- Kann ich ungestört durchschlafen?
- Wie viel Aufmerksamkeit schenke ich meinen Träumen?
- Welche beruhigenden Schlafrituale kenne ich?

Kinder haben ihre Rituale, bevor sie zu Bett gehen und dann auch vor dem Einschlafen. Viele holen sich noch gern die Sicherheit durch die Anwesenheit ihrer Eltern. Eine Gute-Nacht-Geschichte noch, kuscheln, ein Kreuzzeichen auf die Stirn oder ein Gute-Nacht-Bussi, das tut gut! Irgendwann im Laufe des Erwachsenwerdens haben wir diese liebgewonnenen und stärkenden Rituale verloren oder sie sind uns madig gemacht worden.

- Wie war das bei mir?
- Welches Einschlaf-Ritual hatte ich damals, als Kleine, als Kleiner?
- Was davon ist noch lebendig vorhanden?

Es ist vielleicht an der Zeit, mir selbst wieder ein passendes Schlafritual zurechtzulegen. Auf alle Fälle aber ist es nötig, dass ich alle elektronischen Geräte aus dem Schlafzimmer verbanne. Bei einer Kur sagte eine Therapeutin zu uns: *Im Schlafzimmer ist nur fürs Schlafen und für die Sexualität Platz.* Also?!

Eine andere Form der Selbstfürsorge ist das Zulassen und Bewahren der nächtlichen Träume. Manchmal wird mir beim Aufschreiben oder beim Erzählen dessen, was ich erinnere, schon selbst klar, welche innere Botschaft für mich darin steckt. Hier kommt oft eine Weisheit an den Tag, die mich für die nächste Wegstrecke stärken oder die mich auch befreien könnte, wenn ich mir die Botschaft aus meiner Seele zu Herzen nehme.

In der Bibel gibt es zahlreiche Beispiele dafür, dass sensible Menschen ihre Träume ernstnahmen und dementsprechend Leben sicherten. Josef aus dem Alten Testament konnte die Träume des ägyptischen Pharaos deuten und hat damit das ägyptische Volk und seine eigene Familie vor dem Hungertod bewahrt.

Der neutestamentliche Josef hat aufgrund seiner Träume das neugeborene Jesuskind vor dem Kindermord des Königs Herodes gerettet, indem er mit Maria und ihrem Kind nach Ägypten floh. Diese Traummänner können mich inspirieren, mir den notwendigen Schlaf zu gönnen, der mir auch die Traumwelt eröffnen will.

> *Es ist umsonst, dass ihr früh aufsteht und*
> *euch spät erst niedersetzt, um das Brot der Mühsal*
> *zu essen; was recht ist, gibt der Herr denen,*
> *die er liebt, im Schlaf.* (Psalm 127,2)

### Biblisches Beispiel: körperliche Selbstfürsorge

Zusammenfassend soll ein biblisches Beispiel mein Interesse an der körperlichen Selbstfürsorge aufmuntern. Diese Geschichte kann mir die nötige Inspiration geben, mich selbst auf Händen zu tragen!

Das Alte Testament erzählt im Buch Ester von einer jüdischen Frau, die so schön war, dass sie in den königlichen

Hof geholt wurde. König Artaxerxes war wütend auf seine Frau Waschti, die sich weigerte, ihre Schönheit vor den Männern und dem Volk zur Schau zu stellen. Den König lüstete nach einer schönen, aber gefügigen Frau. Ester war eine von vielen Frauen, die aus dem ganzen Volk zusammengezogen wurden, damit eine aus diesem Kreis zur »Schönheitskönigin« gekürt werde.

> *Das Mädchen (Ester) war von anmutiger Gestalt und war sehr schön. Nach dem Tod ihres Vaters und ihrer Mutter hatte Mordechai sie als seine Tochter angenommen. Als der Befehl und Erlass des Königs bekannt wurde, brachte man viele Mädchen zur Burg Susa und gab sie in die Obhut Hegais. Auch Ester wurde in den Königspalast geholt und Hegai, dem Aufseher der Frauen, übergeben. Das Mädchen fand sein Gefallen und seine Gunst. Er war sehr darauf bedacht, dass sie die nötige Pflege und die richtige Kost erhielt; außerdem gab er ihr sieben auserlesene Dienerinnen aus dem Königshaus. Später ließ er sie mit ihren Dienerinnen in die schönsten Räume des Frauenpalastes umziehen. (Ester 2,7–9)*

Es braucht also die nötige Pflege und die richtige Kost, um eines Königs würdig zu werden. Das jüdische Mädchen wurde gehegt und gepflegt, damit ihre natürliche Schönheit zur äußersten Strahlkraft gelangen konnte. Ihr Geheimnis, dass sie zu einem Volk gehörte, das der Emporkömmling Haman im Namen des Königs vernichten wollte, behielt sie für sich. Jedoch war ihre Schönheit nicht ihr einziges Gut, denn sie besaß auch Geist und Charakter.

Diese würden später ihr jüdisches Volk vor der Vernichtung retten.

Nun aber noch weitere Details, wie die Damen zu ihrer blendenden Schönheit kamen:

> *Der Reihe nach wurden alle Mädchen zu König Artaxerxes geholt. Zuvor waren sie, wie es für die Frauen Vorschrift war, zwölf Monate lang gepflegt worden; denn so lange dauerte ihre Schönheitspflege: sechs Monate Myrrhenöl und sechs Monate Balsam und andere Schönheitsmittel der Frauen. Dann gingen die Mädchen zum König und alles, was sie sich aus dem Haus der Frauen wünschten, gab man ihnen in den Königspalast mit. … Eines Tages war Ester, die Tochter Abihajils, des Onkels Mordechais, der sie als seine Tochter angenommen hatte, an der Reihe, zum König zu gehen. Sie wollte nichts mitnehmen, außer was der königliche Eunuch Hegai, der Aufseher der Frauen, ihr nahelegte. Ester aber gefiel allen, die sie sahen. Es war im zehnten Monat, dem Monat Tebet, im siebten Jahr der Regierung des Königs, als Ester zu Artaxerxes in den königlichen Palast geholt wurde. Und der König liebte Ester mehr als alle Frauen zuvor und sie gewann seine Gunst und Zuneigung mehr als alle anderen Mädchen. Er setzte ihr das königliche Diadem auf und machte sie anstelle Waschtis zur Königin. (Ester 2,12–13.15–17)*

Ester strahlte von blühender Schönheit, ihr Gesicht war bezaubernd und heiter, aber ihr Herz war beklommen, denn sie bangte um das Überleben ihres jüdischen Volkes. Ihrer Klugheit, Achtsamkeit und Redlichkeit, aber letztlich vor allem ihrer Treue zu ihrem Gott war es zu verdanken, dass der König das jüdische Volk verschonte und Ester liebbehielt.

Wahre Schönheit kommt von innen, aber der Körper braucht dennoch Zuwendung und Zuneigung, sanfte Berührungen, heilsame Öle und Düfte, damit die Seele gern in diesem Leib wohnt.

liebevoller Gott
segne meine Hände
damit sie liebevoll und zärtlich meine Haut salben
denn sie ist mein äußeres Kleid

zärtlicher Gott
segne meine Augen
damit sie zärtlich über meinen Körper streicheln
denn er ist meine Wohnstatt

liebender Gott
segne meinen Körper
damit er mich beherbergt
und sich gleichsam öffnet
für Liebe und Glück[5]

Und es schadet nicht, wenn ich mir selbst manchmal das Diadem, das Krönchen aufsetze, mit erhobenem Haupt und geradem Rücken, voller Anmut und königlich ins Leben schreite. Es unterstreicht nur meine Würde und meinen Wert.

*Strahlende Augen erfreuen das Herz,*
*frohe Kunde labt den Leib.*
*(Sprichwörter 15,30)*

## Auf der Ebene des Herzens und der Seele

Um Glück und Zufriedenheit zu empfinden, brauchen mein Herz und meine Seele genügend Nahrung. Durch Worte, Taten oder Erlebnisse ausgelöste Berührungen sollen unter die Haut gehen, mich zutiefst erwecken, meinen Kern erwärmen. Es soll mich das eine oder andere zu Tränen der Freude rühren. Ich erlebe das Gefühl, dass ich im (siebten) Himmel oder an bestimmten Orten beheimatet bin. Darin erfahre ich mich als geliebt und bejaht.

*Denke an all das Schöne, was in dir selbst*
*und um dich herum wächst, und sei glücklich!*
*(Anne Frank, 1929–1945)*

### Menschen und Tiere

- Wer oder was berührt mich (zutiefst)?
- Welche Menschen liebe ich von Herzen?
- Wann oder mit wem bin ich am lebendigsten?
- Wer oder was schafft es, mich aus der Reserve zu locken und mich spielerisch zu befreien?
- Worüber oder mit wem lache ich herzhaft?
- Wo oder bei wem fühle ich mich beheimatet und sicher?
- Welche Menschen haben mich nachhaltig berührt?
- Welcher »Erfolg« hat mich am meisten stolz auf mich gemacht?
- Für was bin ich zutiefst dankbar?

- Wie kann ich mich selbst am besten beschenken und belohnen?
- Welche Ereignisse meines Lebens sind immer noch positiv wirksam?
- An wen oder was erinnere ich mich gern?
- Welches Tier ist mir zur Freude geworden?
- Welches Schmusetier oder welches Mitbringsel ist mir ans Herz gewachsen?

Wir sind seit Urzeiten gehirntechnisch darauf gedrillt, das Negative zu bewahren, um das Überleben zu sichern. Wir wiederholen also nicht den verheerenden Fehler, einen Säbelzahntiger nicht genügend ernst zu nehmen, sondern lernen, die Gefahr rechtzeitig zu erkennen und zu türmen. Da diese Untiere ausgestorben sind, brauche ich diese negative Fixierung heute nicht mehr so lebensnotwendig. Daher fokussiere ich mich ab heute auf Positives und Stärkendes.

Es könnte eine erfüllende Übung sein, wenn ich mir (viel) Zeit nehme und meine persönliche positive Biografie zusammenstelle. Ich kann dies umfassend tun, indem ich auf ein Plakat meine Lebenslinie zeichne und meine Erfolge, Glücksmomente oder liebe Menschen eintrage. Wenn ich mir ernsthaft Gutes tun will, kann ich dieser glücksbiografischen Lebenslinie Fotos von Menschen, Orten und Ereignissen zuordnen. Wenn mir im Laufe der Zeit wieder einmal ein Ereignis aus vergangener oder gegenwärtiger Zeit einfällt, ergänze ich. Was dabei herauskommt ist es wert, gewürdigt und bedankt zu werden.

Es tut dem Herzen und der Seele gut, wenn ich entsprechende Gesten, Worte und Haltungen der Dankbarkeit kultiviere. Eigentlich ist es beseelend, wenn ich meine Dankbarkeit lebe, sie ausspreche und mir damit selbst das größte Geschenk mache. Wenn ich dankbar bin für das, was ich habe und bin, für das, was ich erleben durfte und was mir im Leben noch geschenkt wird, dann bleibe ich in der Zufriedenheit und vorübergehend auch in der Glückseligkeit.

Dankbarkeit: das Gefühl, beschenkt und bejaht zu sein; das Gefühl, dass das Leben es gut mit mir meint; das Vertrauen, dass Gott mich behütet und versorgt; dass es verlässliche Menschen in meiner Nähe gibt etc. Diese dankenswerte Gewissheit durchdringt jede Zelle und Faser meines Seins und stärkt mich. Dieses umfassende Dankbarkeitsgefühl ist so wirksam, dass wissenschaftlich nachweisbar ist: Dankbare Menschen sind gesünder und in Krisenzeiten resistenter. Es lohnt sich also, Rituale der Dankbarkeit und des Dankens zu erfinden und sie mir einzuverleiben.

Wie drücke ich also meine Dankbarkeit gegenüber den Menschen, die mir wohlgesonnen sind, am herzlichsten aus? Es auszuprobieren und positive Erfahrungen dabei zu machen und diese Kunst zu verfeinern ist das Gebot der Liebe. Das wäre das Ziel der Selbstfürsorge im Bereich des Herzens und der Seele, dass ich mir selbst gegenüber Dankbarkeit ausdrücke, wenn ich gut für mich gesorgt habe, wenn ich mir selbst Freude bereitet habe, wenn ich kleine und größere Erfolge errungen habe etc.

*Alles im Leben ist ein Geschenk,*
*und die passende Antwort darauf ist Danke.*
*(David Steindl-Rast)*

Bruder David Steindl-Rast lädt dazu ein, einen Dreischritt zu setzen und durch diese Haltungen die Dankbarkeit zu verfestigen:

1) *Stop:* Ich halte inne, bin achtsam im gegenwärtigen Moment, öffne mich für Staunenswertes, Berührendes.
2) *Look:* Ich schaue mich genau um und schaue genau hin. Ich bin offen für eine konkrete Erfahrung, eine innere Berührung. Was hält dieser Augenblick für mich bereit?
3) *Go:* Wenn ich für das Erlebte bewusst Dankbarkeit empfinde, dann bin ich wachsam, wie ich dieses positive Gefühl ins Handeln bringen kann. Da hat sich einen Glücksmoment lang etwas angeboten, was ich in die Tat umsetzen kann. Ich nutze diese Gelegenheit, meinen Dank auszudrücken.[6]

> *Die beste Methode, für einen schönen Moment*
> *zu bezahlen, ist ihn zu genießen.*
> *(Richard Bach)*

Da die Haltung und die Gesten der Dankbarkeit für mich eine hohe Wertigkeit aufweisen, möchte ich sie auch auf der biblischen Ebene näher anschauen. So lasse ich Jesus eine Begebenheit mit einem weiteren Samariter darstellen:

> *Und es geschah auf dem Weg nach Jerusalem:*
> *Jesus zog durch das Grenzgebiet von Samarien und*
> *Galiläa. Als er in ein Dorf hineingehen wollte,*
> *kamen ihm zehn Aussätzige entgegen. Sie blieben*
> *in der Ferne stehen und riefen: Jesus, Meister, hab*

*Erbarmen mit uns! Als er sie sah, sagte er zu ihnen: Geht, zeigt euch den Priestern! Und es geschah, während sie hingingen, wurden sie rein. Einer von ihnen aber kehrte um, als er sah, dass er geheilt war; und er lobte Gott mit lauter Stimme. Er warf sich vor den Füßen Jesu auf das Angesicht und dankte ihm. Dieser Mann war ein Samariter. Da sagte Jesus: Sind nicht zehn rein geworden? Wo sind die neun? Ist denn keiner umgekehrt, um Gott zu ehren, außer diesem Fremden? Und er sagte zu ihm: Steh auf und geh! Dein Glaube hat dich gerettet. (Lukas 17,11–19)*

Aussätzige waren Unberührbare. Sie mussten abseits des sozialen Gefüges ihr Dasein fristen. Sie wurden gemieden und damit unmenschlich behandelt. Vom Aussatz, dem Grund ihrer Absonderung, geheilt zu werden bedeutet, sie wieder in die menschliche Gesellschaft zu integrieren. Damit ist ihnen die bislang verweigerte Würde zurückgegeben. Wenn mir also das Geschenk der Heilung und der Wiedereingliederung in den Schoß fällt, dann ist es doch eigentlich eine Selbstverständlichkeit, dafür meinen Dank auszudrücken, sollte man meinen.

Jesus hat viele Menschen geheilt und ihnen damit wieder eine existenzielle Basis verliehen. Von Dank wird kaum berichtet. Wenn Jesus fragt, wo die anderen neun Geheilten sind, dann verweist er mit dieser Frage darauf, dass diese neun Gott nicht die Ehre geben. Denn, so hat Jesus immer wieder betont, die Heilung kommt über den Glauben an die eigenen Selbstheilungskräfte und das Vertrauen auf die Barmherzigkeit Gottes. Jesus bezieht die Kraft zu heilen nicht auf sich selbst, sondern weist auf den Glaubenden / die Glaubende und Gott als Urheber allen Heils hin. Jesus scheint diese oberflächliche Undankbarkeit als fehlenden Gottesdienst zu betrachten.

Es ist angemessen, Dankbarkeit für die Ursache der Heilung auszudrücken. Damit ist eine Umkehr verbunden: Ich verdanke mich einer göttlichen Kraft, die Heil schenkt und die es gut mit mir meint. Die Dankbarkeit zu verweigern oder einfach leichtfertig zu vergessen, deutet auf wenig menschliche Qualität hin und wird auch von Jesus in dieser Situation hinterfragt. Hier ist die Umkehr des Herzens gefordert.

Der Samariter, der von seinen jüdischen Mitmenschen als Irrgläubiger behandelt wird, bezeugt in diesem biblischen Gleichnis mit seinem tätigen Tun, dass auch scheinbar Ungläubige einen Zugang zu Gott und zu dem, was sittlich geschuldet ist, haben. Zudem beweist es einmal mehr, dass Gottes Heilswille *alle* umfasst – selbst die scheinbar Undankbaren und Umkehrunwilligen.

### *Werte, Spiritualität und Sinn*

- Welche Werte sind mir heilig?
- Welche Tätigkeiten oder Hobbys liegen mir am Herzen?
- Wann bin ich wunschlos glücklich?
- Was verleiht meinem Leben Sinn und Tiefe?
- Welche Erfahrungen mit dem Göttlichen haben mich beseelt?
- Wie lebe ich meine Spiritualität?
- Welche Orte, Handlungen und/oder Haltungen sind mir heilig?

Es macht Sinn, mir eine Liste der Dinge zu machen, die mir wertvoll sind, die mich beglücken, für die ich dankbar bin. Für das, was mir heilig ist, setze ich mich ein, dafür lebe ich, blühe ich auf. Es ist also immer wieder wichtig, mir zu vergegenwärtigen, was mir am Herzen liegt, was mich am Leben erhält und Wege und Räume zu suchen, in denen ich diese Werte wachhalten und entsprechend würdigen kann. Es liegt an mir, mich immer wieder, immer neu, an diese Werte zu binden und sie in mir lebendig zu halten. Es zeichnet mich als wertvoll aus, wenn ich Sinn und Wert konserviere.

*Lasst uns den Menschen dankbar sein,*
*die uns glücklich machen.*
*Sie sind die bezaubernden Gärtner,*
*die unsere Seele blühen lassen.*
*(Marcel Proust, 1871–1922)*

Damit die Seele erblühen kann, brauche ich Zeit zum Aussäen, Wurzelnschlagen, Keimlinge treiben, Wachsen und Gedeihen und letztlich auch fürs Ernten und Genießen. Meine Spiritualität, der Geist, der mein Leben nährt und durchdringt, braucht ebenso Zeit und Reifungsmöglichkeiten. Es beginnt damit, mir darüber klar zu sein, dass dieser Spirit in jedem Atemzug in mir wirksam ist; dass die Luft zum Atmen alles umgibt und dass in ihr das Lebenselixier vorhanden ist.

Meine Bereitschaft, Heiliges und Göttliches in allem zu erfahren, tränkt den Boden meiner Spiritualität. Bin ich einmal verwurzelt, dann kann es mein Ziel sein, mich dem Himmlischen/Göttlichen entgegenzustrecken. *Wie* ich das tue und wie dies mein Leben beeinflusst, ist mein individueller und spiritueller Ausdruck bzw. meine persönliche Antwort auf den Ruf des Göttlichen in mir.

> *Am Tag, da ich rief, gabst du mir Antwort,*
> *du weckst Kraft in meiner Seele. (Psalm 138,3)*

Vielleicht spüre ich mal in einer ruhigen Stunde dem nach, was mir heilig ist und wie ich dieses Heilige bewahre. Vielleicht gibt es ein Ritual, in dem ich die Dankbarkeit für das Heilige oder Heile in meinem Leben ausdrücke. Es kann schon ein Beginn sein, dass ich das, was mir so wertvoll ist, im Herzen bewahre und es mit Achtsamkeit am Leben erhalte.

### Orte und Räume

- Welcher Ort fühlt sich gut oder sogar heilsam an?
- Welche Farben tun mir am wohlsten?
- Welche Düfte beleben und betören mich?
- In welchem Kleidungsstück fühle ich mich sinnlich verführerisch, selbstbewusst, locker und sicher?
- In welchem Umfeld fühle ich mich beheimatet?

Es kann befreiend und ermutigend sein, wenn ich einen Seelenort habe, der rasch aufzusuchen ist. Das kann eine Wohlfühlecke in meiner Wohnung sein, ebenso ein Kraftplatz, den ich zu Fuß erreiche. Wenn ich mich dort aufhalte, fühle ich mich sicher. Ich kann die Masken fallen lassen, die Schuhe ausziehen und mich geborgen fühlen. Ist der Ort außerhalb meiner Wohnung, kann bereits der Weg dorthin mich entspannen und stärken.

Ich habe in einer schwierigen Phase nahe meiner Wohnung einen Platz in der Natur gefunden, zu dem ich ohne Aufwand jederzeit gehen kann, wenn ich besondere Anliegen habe. Ich nehme meine Fragen und meine Bitten dorthin mit und lasse sie auch dort zurück. Auf dem Weg suche ich z. B. einen Stein, einen Tannenzapfen, ein Stück Holz. Sie sind Symbol für meine Probleme, Belastungen oder auch Erfolge. Am entsprechenden Ort lege ich sie wie ein Mandala hin, das bei jedem Besuch ergänzt wird.

Es fühlt sich gut an, diesen Ort aufzusuchen, mit Gott ins Gespräch zu kommen und mich dabei zu erleichtern. So kann dieser Ort mir zur Stärkung und zu einem Platz werden, wo ein Heilungsprozess angeregt wird. Es ist immer gut, wenn ich weiß, wo ich mit meiner Not, aber auch mit meiner Freude hingehen kann. Es bettet mich ein in einen wachsenden und heilsamen Lebensrhythmus, in den (mütterlichen) Schoß der Natur, und hält die Verbindung mit Gott und den Menschen aufrecht, für die ich an diesem Ort bete.

*Wenn ich eine Blume hätte für jedes Mal,*
*wenn ich an dich denke,*
*könnte ich ewig durch meinen Garten gehen.*
*(Alfred Tennyson, 1809–1892)*

### Kunst und Kultur

- Welche Melodie entspricht meiner Sehnsucht?
- Welche Melodien möchte ich immer bewahren?
- Welche Kunstrichtung bereichert mich?
- Was bringt mich zum Singen und Tanzen?
- Welches Buch lese ich immer wieder gern?

- Welcher Film hat sich mir eingeprägt?
- Wer ist mein/e Lieblings-Autor/in?
- Wer ist mein/e Lieblings-Komponist/in?
- Welches Märchen ist mir am liebsten?
- Bei welchen (kreativen) Tätigkeiten fange ich Feuer?

Wenn ich eine/n Lieblings-Autor/in habe, kann ich überlegen, welche Charaktere mich in diesen Büchern (es können auch Filme sein) besonders faszinieren. Haben die Heldinnen und Helden darin besondere Charakterzüge, besondere Charismen, eine attraktive Ausstrahlung? Was davon hätte ich auch gern? Wie könnte ich das, was mich beeindruckt, in mir entwickeln?

Es kann spannend und aufschlussreich sein, wenn ich mich in diese Figur hineindenke und hineinfühle. Ich stelle mir vor, diese Person zu sein und aus ihrer Kraft zu agieren. Ich kann die Geschichte weiterdenken und mich darin zum angestrebten Ziel führen. Und in der Folge kann ich mir das Positive, das Wirksame dieser Heldin, dieses Helden für mein Leben aneignen. (Ich gehe jetzt davon aus, dass ich mir eine verwirklichbare Person ausgesucht habe, nicht unbedingt eine übernatürliche oder zerstörerische Gestalt, sondern etwas Realistisches und Erreichbares bzw. auch Erstrebenswertes.)

> *Mehr als alles hüte dein Herz;*
> *denn von ihm geht das Leben aus.*
> *(Sprichwörter 4,23)*

### *Biblisches Beispiel: Herz und Seele*

Auch auf der Ebene der Herzen möchte ich auf eine biblische Freundschaft verweisen. Von ihr wird im Buch Rut im Alten Testament erzählt: Noomi ist gezwungen, mit ihrer Familie ihre Heimatstadt Betlehem zu verlassen, um zu überleben. Sie siedeln sich im Grünland Moab an. Dort sind sie umgeben von einer fremden Kultur und Religion, die bei den Juden nicht angesehen ist, aber hier finden sie Aufnahme. Nach dem Tod von Noomis Mann heiraten ihre Söhne moabitische Frauen, Orpa und Rut. Als später auch ihre beiden Söhne sterben, bleiben drei verwitwete Frauen zurück.

Noomi will nicht in Moab bleiben; es zieht sie in ihre Heimat zurück, wo laut jüdischem Gesetz ihre Verwandten ihre Versorgung als Witwe übernehmen müssen. Ihre Schwiegertöchter fordert sie auf, in deren eigener Heimat zu bleiben und zu ihren Müttern zurückzukehren. Rut aber will nicht von Noomis Seite weichen. Sie hat sie liebgewonnen und will ihr die Treue halten.

> *Noomi sagte: Kehrt doch um, meine Töchter! Warum wollt ihr mit mir ziehen? … dann gab Orpa ihrer Schwiegermutter den Abschiedskuss, während Rut nicht von ihr ließ. Noomi sagte: Du siehst, deine Schwägerin kehrt heim zu ihrem Volk und zu ihrem Gott. Folge ihr doch! Rut antwortete: Dränge mich nicht, dich zu verlassen und umzukehren! Wohin du gehst, dahin gehe auch ich, und wo du bleibst, da bleibe auch ich. Dein Volk ist mein Volk und dein Gott ist mein Gott. Wo du stirbst, da sterbe auch ich, da will ich begraben sein. Der HERR soll mir dies und*

*das antun – nur der Tod wird mich von dir scheiden.*
*Als sie sah, dass Rut darauf bestand, mit ihr u gehen,*
*redete sie nicht länger auf sie ein.*
*So zogen sie miteinander bis Betlehem.*
*(Rut 1,11;14–19)*

Wir Menschen sind aufeinander angewiesen. Wir können nicht ohne menschliche Liebe, Verständnis, Nähe und Verbundenheit angemessen leben. Wir brauchen das Du, um zum Ich zu werden. Ich brauche dich so, wie du mich brauchst. Das »brauchen« darf kein »verwenden oder gebzw. missbrauchen« sein. Es soll eine Zugehörigkeits-, Zugewandtheits- und Aufeinander-Ausgerichtetheits-Haltung sein. Wir sehen einander, wir achten einander, wir verstehen einander, wir stützen und stärken einander. Manchmal geraten wir auch aneinander, aber es bringt uns einander näher, es trennt uns letztlich nicht.

Gerald Hüther, der bekannte Gehirnforscher, schreibt:

*Beim Stillen und beim Kuscheln mit nackter Haut wird in unserem Gehirn und in dem der Mutter vermehrt Prolaktin und Oxytocin ausgeschüttet, und das unterstützt die Fähigkeit, komplexe Wahrnehmungen im Gehirn zu verankern und abzuspeichern. Das hilft beim Einander-Wiedererkennen und beim Sich-miteinander-geborgen-Fühlen. Deshalb nennt man diese Peptide auch »Bindungshormone«. Und natürlich haben wir bereits vorgeburtlich die für unser gesamtes weiteres Leben so entscheidende Erfahrung gemacht, dass es möglich ist, gleichzeitig eng verbunden mit jemandem zu sein und über sich hinauszuwachsen zu können. Wir bringen deshalb die Erwartungshaltung mit auf die Welt, dass dort jemand zu finden sein wird, der uns annimmt, der uns wärmt und schützt und der uns aber auch hilft, unsere Potenziale zu entfalten, Neues zu lernen, uns weiterzuentwickeln.*[7]

Noomi und Rut gehen also gemeinsam nach Betlehem. Dort angekommen, braucht es die List, die Übersicht, die Jugend und die Weisheit beider Frauen, um ihre Zukunft gemeinsam zu sichern und sinnvoll zu gestalten. Beide Frauen nutzen die Verbundenheit und das gegenseitige Wohlwollen, um ihre Potenziale zu erweitern und die nötigen Entwicklungsschritte zu ermöglichen. Ruts Sohn wird zum Vorfahren von König David und trägt die Würde der beiden solidarischen und kompetenten Frauen in sich. Wer sich selbst annimmt und würdigt, kann dies auch einer anderen Person gegenüber tun. Beide Frauen verdanken ihr Leben und ihre Zukunft dem Gott des jüdischen Volkes und ihrem tiefen Vertrauen in seine Liebe und Güte.

*Du selbst hast mein Innerstes geschaffen,*
*hast mich gewoben im Schoß meiner Mutter.*
*Ich danke dir, dass ich so staunenswert und*
*wunderbar gestaltet bin.*
*Ich weiß es genau: Wunderbar sind deine Werke.*
*Dir waren meine Glieder nicht verborgen,*
*als ich gemacht wurde im Verborgenen,*
*gewirkt in den Tiefen der Erde.*
*Als ich noch gestaltlos war,*
*sahen mich bereits deine Augen.*

*In deinem Buch sind sie alle verzeichnet:*
*die Tage, die schon geformt waren,*
*als noch keiner von ihnen da war.*
*(Psalm 139,13–16)*

Im göttlichen Schoß gewoben, genährt und gestaltet: So ist mein Leben in die Hand Gottes geschrieben und von ihr zuverlässig gehalten. Ich bin von Gott (an-)gesehen.

### Auf der Ebene des Geistes

Geist und Verstand, mein Denken, mein Gedankengut müssen ebenso genährt werden. Mein Gehirn will gefüttert und entsprechend programmiert werden. Mein Wissensdurst will gelöscht werden. Mein inneres Potenzial will gefördert und ausgebaut werden. Ich bin fähig, lebenslang zu lernen, mein Leben zu vertiefen, Sinn und Erfüllung zu erfahren.

### Arbeit und Tätigkeiten

- Wie erfüllt mich meine Arbeit?
- Was an meiner Arbeit macht Sinn?
- Welches Wissen oder welche Fertigkeit möchte ich vertiefen oder festigen?
- Welches Wissen oder welche Fertigkeit möchte ich mir noch aneignen?
- Welche Atmosphäre umgibt meinen Arbeitsplatz?

Im Normalfall nimmt meine Arbeit einen Großteil meines Tages bzw. meines Lebens ein. Dies gilt sowohl für meine Erwerbsarbeit wie auch für meine freiwillige Arbeit im Einsatz für einen guten Zweck und auch für die (Haus-)

Arbeit, die ich für mich und mein Umfeld tätige, um mein Leben zu ordnen.

Es gibt Tätigkeiten, die mir leichtfallen, die mich herausfordern, die meine Kreativität und meine Ausdruckskraft ermöglichen. Aber es gibt auch stupide Arbeiten, die mich abstumpfen lassen. Es gibt positive Arbeitsumfelder, die das Beste aus mir herausholen und mich wachsen lassen, aber auch Arbeitssituationen, die mich viel Kraft kosten, mich abwerten oder gar ausgrenzen bzw. diskriminieren. Auch Mobbing oder Bossing am Arbeitsplatz kann mich in die Krankheit führen, genauso wie zu hohe Anforderungen (von innen oder außen), die mich in einen Erschöpfungszustand oder gar ein Burnout treiben können.

Auch wenn ich auf Arbeit angewiesen bin, sollte ich mir die Freiheit nehmen, immer wieder genau zu reflektieren, ob mein Umfeld mich fördert oder hemmt. Dort, wo ich mich entfalten kann, wo ich wertgeschätzt und der erbrachten Leistung entsprechend gerecht entlohnt werde, bleibe ich motiviert, inspiriert und gesund. Sollte dies nicht der Fall sein, kann es nötig werden, einen Arbeitsplatzwechsel aktiv zu betreiben. Indem ich diese Option ins Auge fasse, kann mein Fokus auch für andere Möglichkeiten offen werden. Es können sich unerwartet Türen öffnen, an die ich zuvor gar nie geklopft habe. Es geht hier wohl um die Ehrlichkeit mit mir selbst und um die Motivation, mich als einsatzfähig und ausbaufähig zu verwirklichen.

### *Soziale Beziehungen*

- Welche Menschen unterstützen meine Weiterentwicklung?
- Welche Menschen bereichern mich?

- Welche (strukturellen, gesellschaftlichen) Umfelder bieten mir Wertschätzung und Heimat?

Das, was mir die Kraft zum Leben oder zur Freude nimmt, was versucht, mich klein zu halten oder mir die Luft zum Atmen zu nehmen, sind Energieräuber. Es gibt Menschen, die die beste Version meiner selbst ermöglichen – sie lieben diese Seiten quasi aus mir heraus. Leider gibt es aber auch Menschen, die mich erniedrigen, mich demütigen oder meine wahre Größe beschneiden. Wenn ich ehrlich bin, kann ich den Unterschied spüren. Es gilt dann, mir einzugestehen, wer mir nicht guttut, wer meine Lebenskraft abzieht.

Nicht immer ist es möglich, Distanz zu diesen Personen zu wahren; aber zu erkennen, dass es diese Distanz braucht, kann dabei helfen, die nötigen Schutzmechanismen einzusetzen, z. B. die Beziehung auf Eis zu legen, auf ein Minimum zu verkleinern oder – wenn es um mein Leben oder meine Gesundheit geht – auch eine nötige Trennung zu veranlassen.

Menschen, die mich anerkennen, wertschätzen oder lieben, so wie ich bin und werden kann, sind Kraftquellen für mein Leben. Sie gilt es ebenso zu würdigen und mit der nötigen Zuwendung und Liebe zu beschenken.

> *Freundliche Worte sind eine Honigwabe,*
> *süß für den Gaumen, heilsam für den Leib.*
> *(Sprichwörter 16,24)*

Ich überrasche sie mit kleinen Aufmerksamkeiten, mit gemeinsam verbrachter Zeit, mit Mitgefühl und guten Gesprächen. Ich verteile großzügig Lob und Anerkennung, meine es ehrlich und bin ihnen gegenüber ein/e verlässliche/r Begleiter/in.

Wenn ich mich weiterentwickeln will, ist es ratsam, dass ich mich auch mit Menschen umgebe, die ähnlich wissbegierig sind, die ähnliche oder komplementäre Interessen haben, die sich ebenso gern weiterbilden und meine Entwicklungsschritte würdigen und fördern.

> *Wer mit Weisen umgeht, wird weise.*
> *(Sprichwörter 13,20)*

Ich könnte mir einen angemessenen Zeitraum nehmen, um eine Liste zu erstellen, welche Menschen mir im Laufe meines Lebens viel Zuwendung geschenkt haben; wer mich in Notsituationen gestärkt hat; wer mich immer wieder mit Humor und Freude zum Lachen und in die Leichtigkeit gebracht hat; wer mir mehr zugetraut hat als ich mir selbst und mich daher zu guten Leistungen motiviert hat; wer mich nachhaltig inspiriert und auch innerlich sehr berührt hat. Wenn ich diese Liste aufgesetzt habe, kann ich sie jederzeit ergänzen.

Vielleicht kann ich danach einen Schritt weitergehen:

- Wie wäre es, den Menschen, denen ich noch nie wirklich gedankt habe, einen Dankesbrief zu schreiben?
- Wie wäre es, mit jenen Menschen, die mein Leben wirklich positiv beeinflusst haben, etwas zu unternehmen und das Leben zu feiern?
- Wie wäre es, mit jenen Menschen, die mir in meiner Not Stütze und sicherer Hafen waren, einen gemeinsa-

men Ausflug oder eine Wanderung zu machen, die mir Zeit gibt, mich auszutauschen und zu bedanken?
- Wie wäre es, auch anderen Menschen so eine stärkende Unterstützung und ein Hort zu sein?

### *Reifung und Wachstum*

- Wie lautet mein Lebensmotto?
- Was ist meine Lieblings-Bibelstelle?
- Wie hört sich mein Lieblingsgedicht an?
- Wie lauten meine positiv stärkenden Glaubenssätze?
- Welcher Reifungsschritt dürfte jetzt oder bald anstehen?
- Wie könnte ich mich weiten und vertiefen?
- Bin ich hier am richtigen Ort?
- Wohin führt mich meine Sehnsucht?
- Wo ist meine spirituelle Heimat?

Das Leben geht vorwärts, Stillstand ist der Tod. Alles ist in Bewegung und dort, wo ich mich auch innerlich, geistig und spirituell bewegen lasse, dort kann ich mich auch in die Tiefe bewegen. Wenn mir das Leben Hindernisse hinstellt, dann kann ich nach Möglichkeiten suchen, wie ich die Hindernisse annehme und zugleich weiterführende Wege ausfindig mache. Es geht weiter, wenn auch anders als zuvor. Oder andersherum: Es ist anders als zuvor, aber es geht weiter. Bis zum letzten Atemzug lebe ich und wachse.

Um meinem Leben Sinn, Weite und Tiefe zu verleihen, muss ich immer auch meiner Sehnsucht Raum geben, sich zu äußern. Wenn ich sie höre, spüre und ins Wort bringe, können Taten folgen. Ich versuche das, was möglich ist, zu verwirklichen. Es gibt so viel Unterstützung in unserer Gesellschaft: Ausbildungen, Weiterbildungen, Fachliteratur,

Coaches etc., damit ich Träume verwirklichen kann. Es gilt, meinen Werten, Zielen und Sehnsüchten ihre Bedeutung zu geben und nach Wegen zu suchen, die begehbar und umsetzbar sind. Gepaart mit Mut, Zuversicht und Vertrauen sowie Offenheit und Spontanität ist vieles möglich.

> *Der Weise höre und vermehre sein Wissen,*
> *der Verständige lerne kluge Führung,*
> *um Sprichwort und Gleichnis zu verstehen,*
> *die Worte der Weisen und ihre Rätsel.*
> *(Sprichwörter 1,5–6)*

Ich sorge gut für mich, indem ich in Mußestunden meine Sehnsüchte in mir Wurzeln fassen lasse und mein Geist die Flügel ausbreitet, die mich zum Fliegen veranlassen!

### *Lebensziel und Lebenssinn*

- Welche Ziele gibt es in meinem Leben?
- Welche realen und umsetzbaren Schritte gilt es zu setzen, um das Ziel zu erreichen?
- Welche Expert/innen können mich bei der Weiterentwicklung und/oder bei der Erreichung meiner Ziele begleiten?

Wenn ich in meinem Leben Irrwege und Sackgassen, Umwege und müde Füße vermeiden will, dann gilt es, mir immer wieder Zeit zu nehmen, meine Teil-Ziele und mein »letztes« Ziel zu überprüfen. Auch wenn der Weg das Ziel ist; auch wenn mir auf dem Weg vieles an Erfahrung und Erkenntnis zuwachsen kann, macht es die Bewegung doch sinnvoller und weniger mühselig, wenn das Ziel erreichbar und beglückend ist. Ziellos herumzurennen laugt aus und lässt mich zuletzt unbefriedigt zurück.

Für gläubige Menschen sind Berührungen mit Gott und die göttliche Liebe, im Hier und Jetzt umgesetzt und erfahrbar, wohl ein bedeutendes Ziel.

*Selig die Trauernden;*
*denn sie werden getröstet werden.*
*Selig die Sanftmütigen;*
*denn sie werden das Land erben.*
*Selig, die hungern und dürsten*
*nach der Gerechtigkeit;*
*denn sie werden gesättigt werden.*
*Selig die Barmherzigen;*
*denn sie werden Erbarmen finden.*
*Selig, die rein sind im Herzen;*
*denn sie werden Gott schauen.*
*Selig, die Frieden stiften;*
*denn sie werden Kinder Gottes genannt werden.*
*(Matthäus 5,4–9)*

### Biblisches Beispiel: ein liebender Geist

Das Ziel Jesu Christi war es, den Menschen ein Leben in Fülle zu ermöglichen. Er redete zu ihnen als Lehrmeister, als Rabbi und als vertrauter Freund. Sein Reden war inspiriert vom göttlichen Geist, aus einer tiefen Beziehung zu Gott gespeist. Seine Worte finden sich in den Evangelien. Sie haben über 2000 Jahre lang christliche Werte bewahrt und vermehrt. Sie sprechen noch immer eine deutliche, eine berührende, eine bereichernde Sprache. Sie sind für spirituelle Menschen noch immer Quelle und Ziel zugleich.

Jesus hat seinen Vertrauten vor seiner Himmelfahrt den Geist hinterlassen. Im Alten Testament wird für diesen Geist das hebräische Wort »Ruach« verwendet. Es umschreibt den Lebenshauch Gottes, der alles lebendig macht, wieder aufbaut, stärkt, weise macht, am Leben erhält, in Bewegung bringt. Ein göttlicher Hauch, der mir in jedem Atemzug zur Verfügung steht.

*Mit der Zeit nimmt die Seele*
*die Farbe der Gedanken an.*
*(Marc Aurel, 121–180)*

Es ist meine Entscheidung, mit welchem Inhalt, mit welchem Gehalt ich meine Gedanken, meine Worte, meine Taten, meine Haltungen, mein ganzes Sein und Wirken fülle. Der Inhalt ist entscheidend mitbeteiligt, ob ich die Fülle erlebe oder die Leere empfinde; ob ich ins Leben immer neu mit Möglichkeiten und Fähigkeiten auferstehe; oder ob ich erstarrt und gewohnheitsmäßig vor mich hinlebe.

*Den Himmel und die Erde*
*rufe ich heute als Zeugen gegen euch an.*
*Leben und Tod lege ich dir vor, Segen und Fluch.*
*Wähle also das Leben, damit du lebst,*
*du und deine Nachkommen.*
*(Deuteronomium 30,19)*

Leben ist Segen, Tod ist Fluch. Ich entscheide mich immer wieder, täglich neu, für das Leben, und verbreite damit Gottes Segen und Fülle über mein Sein und meine Umwelt. Mich zu übergehen, mich nicht zu würdigen, mich nicht zu liebkosen wäre das, was das Alte Testament als Fluch bezeichnet: Es wäre ein Weg, der ins Verderben führt; ein Leben, das nicht gelebt wird; eine Liebe, die nicht erwidert wird; ein Potenzial, ein Charisma, das nicht eingesetzt und vermehrt wird. Es wäre ein Trauerspiel.

Ich habe die Karten in der Hand! Es gilt, meine Trümpfe auszuspielen und den Gewinn einzufahren! Ich lebe mein Leben in Fülle und bereichere damit ebenso dein Leben.

mein Hauch
die Ruach
belebt
verleiht Flügel
und Standfestigkeit

so gestärkt
durch Rückenwind
schreitest du nach vorn
hinaus
mitten in den Alltag
mit neuem Glanz

darin kannst du mich
im Leben halten
meinen Geist verbreiten
und Leben schenken

darin bleibe ich
lebendig
auferstanden

Selbstliebe und Selbstfürsorge polieren meine innere Perle und bringen sie zum Leuchten. Wenn ich ihre Leuchtkraft ins Leben liebe, erstrahlt mein ganzes Umfeld. Wenn ich es mir zur guten Gewohnheit mache, für mein eigenes Wohl zu sorgen, werde ich automatisch anderen gegenüber sensibler und mitfühlender. Wenn ich mir etwas Gutes, Wohltuendes, Stärkendes gönne, mir meine eigentliche Größe zugestehe, meine vorhandenen Bedürfnisse benenne und befriedige, dann wird es für mich eine Selbstverständlichkeit, dass auch du das tun kannst oder ich dir dabei helfe, es für dich selbst anzunehmen oder zu verwirklichen.

Wenn ich zunehmend weiß, was mir Freude macht, mich zufriedenstellt, meinem inneren Potenzial entspricht, bin ich auch fähig, das Gute und das Einmalige in dir zu sehen und zu fördern. Wenn ich mein Leben vertiefe und bereichere, dann färbt diese Haltung auf alle ab, die mit mir in Berührung kommen. So wird meine Selbstliebe zur Nächstenliebe.

Wenn ich dann auch noch akzeptiere, dass ich von einer transzendenten Größe, einer göttlichen Liebe, ins Leben und in die Fülle gerufen bzw. geliebt wurde, dann beseelt mich der Hauch des göttlichen Geistes zuinnerst. So werde ich mein Leben lieben und zur Erfüllung gelangen.

wachsende Liebe
verdichtet meine Beziehung
vertieft mein Vertrauen
weitet mein Denken
bekräftigt mein Wollen
beflügelt meine Visionen
inspiriert meine Schöpferkraft
stärkt meine Wirkkraft

bindet mich
an deine göttliche Liebe
die mich zutiefst bejaht

# V

# Liebe deine Nächsten wie dich selbst

In den vorangegangenen Kapiteln wurde dargelegt, dass wahre Selbstliebe die Ermöglichung und Voraussetzung für Liebe zu anderen ist. Wer zu lieben gelernt hat und Liebe praktiziert, wird auch zur umfassenden Liebe des Göttlichen in allem fähig. Ähnlich drückt dies die Goldene Regel aus: *Behandle andere so, wie du selbst behandelt werden möchtest.* Dies sollte Grundlage jedes pastoralen oder caritativen Wirkens sein.

Liebe will erfahren, genährt, geachtet, praktiziert und weitergeschenkt werden, um wirkkräftig zu sein. Liebe genügt sich nicht selbst, sie will sich vermehren. Daher wird ehrliche Selbstliebe immer tätig, umfassend, sich selbst verschenkend sein. Selbstliebe und Selbstfürsorge enden nie bei einem nur sich selbst liebenden Individuum. Im Gegenteil, in sich erfahrene Liebe wendet sich nach außen, um sie zu erhalten und zu vervollständigen. Wer fähig ist zur bedingungslosen Selbstliebe, ist auch fähig zur dankbaren und sich verschenkenden Liebe. Ein liebesfähiger und dankbarer Mensch umarmt gleichsam alles Geschaffene, alles von Gott Durchwobene. Es geht gar nicht anders, denn Liebe strahlt aus, steckt an, beglückt und erfüllt. Oder anders ausgedrückt: Wenn ich mich selbst liebevoll behandle, bin ich fähig, auch anderen dieselbe liebevolle Behandlung zu schenken, ohne sie damit an mich zu binden.

Ich greife die Worte des Apostels Paulus, der die Liebe auf überzeugende Weise beschreibt, erneut auf. Paulus bzw. Saulus, der anfangs seines Lebens übereifrig, herrschsüchtig, eng, gesetzestreu und unnachgiebig war, hat ja durch sein Bekehrungserlebnis eine neue Sicht erhalten: In der Dunkelheit seiner Not vollführt sein Herz eine Umkehrwende zur Liebe. Die ergreifende Begegnung mit dem von ihm verfolgten Christus hat ihn zutiefst gewandelt – d. h. die Liebe Jesu zu allen Menschen, auch zu ihm als Verirrtem, hatte Wandlungskraft. Daher können wir den Worten Paulus' an die Korinther Glauben schenken:

> *Die Liebe ist langmütig, die Liebe ist gütig.*
> *Sie ereifert sich nicht, sie prahlt nicht, sie bläht sich nicht auf.*
> *Sie handelt nicht ungehörig, sucht nicht ihren Vorteil, lässt sich nicht zum Zorn reizen, trägt das Böse nicht nach.*
> *Sie freut sich nicht über das Unrecht, sondern freut sich an der Wahrheit.*
> *Sie erträgt alles, glaubt alles, hofft alles, hält allem stand.*
> *Die Liebe hört niemals auf. (1 Korinther 13,4–8)*

Wenn jede und jeder Einzelne von uns zu dieser Liebe fähig wäre, würde es nicht so viele verletzte und verletzende Menschen um uns herum und auch im pastoralen Umfeld geben. Wenn christliche Menschen ihren inneren Wert und ihren göttlichen Ursprung würdigen könnten, gäbe es nicht so viel Bedürftigkeit nach Bestätigung von außen. Wenn besonders in der Kirche Tätige sich regelmäßig Zeit für die Gottesbeziehung nähmen, Selbstreflexion einübten und Zeiten der Stille und tragfähiger sozialer Kontakte pflegten, wäre mehr Liebe auch im Arbeitsalltag und nicht nur bei der Wandlung im Gottesdienst erfahrbar.

Gott
mische mit
in meinem täglichen Leben

du bist
Salz
das würzt
Wasser
das erfrischt
Brot
das sättigt
Wein
der belebt

Gott
rühre um in mir
damit ich genießbar bleibe[8]

Bedenklich ist, dass gerade in der Kirche die Nächstenliebe zwar gepredigt, aber nicht immer gepflegt wird. Viele Mitarbeiter/innen im kirchlichen Dienst übergehen sich selbst und ihre natürlichen Grenzen und missachten häufig ihre eigenen Bedürfnisse. Nach außen wirkt sich dies nicht immer christlich aus: Einerseits kann es sich in Machtgier,

Gier nach Ehrentiteln und Würdigungen zeigen, andererseits aber auch im grenzenlosen Einsatz bis zur Erschöpfung. Auch Resignation oder Verbitterung können ein Ausdruck dafür sein, dass die eigene Psyche, die Seele und der eigene Körper wenig beachtet werden. Wo dies der Fall ist, ist die Außenwirkung auf das Umfeld verstörend, ungenießbar und letztlich lebensverneinend. Was zu fehlen scheint, ist die praktizierte Selbst- und Nächstenliebe. Dies kann zur Missachtung eigener und fremder Grenzen führen. Im pastoralen Umfeld zeigt sich dies u. a. in überhöhtem Leistungsdruck, in fehlender Empathie, in Konflikten und Ausgrenzung, im Verlust der Selbst- und Gottesbeziehung. Im Extremfall können unbefriedigte Grundbedürfnisse bis zum Machtmissbrauch führen, deren bekannteste und zugleich erschreckendste Formen geistlicher Missbrauch und sexueller Missbrauch sind. Damit diesen Fehlentwicklungen bereits im Vorfeld Grenzen gesetzt werden, braucht es Achtsamkeit und barmherzige Selbstreflexion.

## Achtsamer Umgang mit Grenzen

Um Grenzen achten zu können, muss ich meine Wahrnehmungsfähigkeit schulen. Es ist notwendig, mich mit der Achtsamkeit an sich auseinanderzusetzen, die Sinne zu schulen, damit sie auch feine Nuancen der Grenzen oder der Grenzsetzung durch andere wahrnehmen und entsprechend darauf reagieren können. Um dies zu ermöglichen, benötigt es den Willen zur Disziplin und Übung: Ich bin aufgefordert, mich selbst und mein Umfeld genauer zu beobachten und zu reflektieren. Grenzüberschreitungen passieren ja oft unbewusst oder ungewollt durch Missachtung oder fehlende Wahrnehmung der Signale, die das Gegenüber aussendet. Achtsamkeit kann eingeübt und praktiziert werden. Sie benötigt Offenheit für das, was sich zeigt – auch wenn es mir unangenehm ist. Achtsamkeit braucht Zeiten der stillen Wahrnehmung dessen, was mich selbst zuinnerst bewegt. Das heißt, Menschen, die mit anderen Menschen viel zu tun haben, sollten regelmäßig Selbstreflexion oder Supervision betreiben, um eine achtsame Lebenshaltung integrieren zu können. Was wiederum bedeutet: Ich muss mich so lieben und annehmen, wie ich bin. Damit ist auch die Akzeptanz meiner Grenzen gemeint.

> *Wer glaubt, hilfreich an der Erlösung*
> *seiner Mitmenschen mitarbeiten zu können,*
> *ohne sich selber dem Erlösungsprozess zu stellen,*
> *irrt … Jede Arbeit mit Menschen, sei es Seelsorge,*
> *caritative oder soziale Arbeit, hängt in ihrer*
> *Wirksamkeit mehr von der eigenen Läuterung*
> *als von der Vielfalt der Aktivitäten ab.*
> *(Franz Jalics[9])*

Im Folgenden soll vermittelt werden, mit welchen Grenzen jede und jeder von uns täglich konfrontiert sein kann.

- *Natürliche Grenzen:* Lebensdauer bzw. Endlichkeit und Tod, Krankheit und Verletzung, Alterungsprozesse, Intelligenz bzw. Denkleistung, motorische Fähigkeit, Behinderung, Verlust der psychischen und physischen Leistungsfähigkeit, Geschlecht, Fruchtbarkeit u. a.

- *Systemische Grenzen:* nationale Zugehörigkeit, Regierungssystem, Ethnie, Kultur, Glaubensbekenntnis, Zugehörigkeit zu Vereinen oder Gewerkschaften sowie Kirchen, Krieg oder Friede, reich oder arm, natürliche Ressourcen, Klima, Sprache, Zugang zu Bildung, Zugang zu Kranken- und Sozialversorgung u. a.

- *Individuelle Grenzen:* Familiensituation, Wohnsituation, Arbeitssituation, Leistungsfähigkeit, Ausdauer und Durchhaltevermögen, Resilienz, Ressourcen, Fähigkeiten und Kompetenzen, psychische und physische Voraussetzungen, Toleranz oder Intoleranz, Rollenvielfalt, Denk- und Lösungsvermögen, Optimismus oder Pessimismus, Belastbarkeit, Verletzungen und Missbrauchserfahrungen, Traumata, Verluste, Liebesfähigkeit, soziale Fähigkeiten, Erspüren von Nähe und Distanz, Empathie oder Gefühlskälte, Bildungsmöglichkeiten u. a.

- *Pastorale (kirchliche) Grenzen:* Mann oder Frau oder divers, geweiht bzw. Ordensmitglied oder Laie, berufen oder nicht, hauptamtlich oder ehrenamtlich tätig, gläubig oder ohne bzw. mit anderem Bekenntnis, traditionell oder liberal, fundamentalistisch oder progressiv, in der Zentrale oder in der Pfarrei, verheiratet oder geschieden, Kirchgänger/in oder Fernstehende/r, gläubig oder spirituell, praktizierend oder nicht, angepasst oder widerständig, bewahrend oder innovativ, Geistliche Begleiter/in oder Begleitete/r, (Erz-)Diözese, Dekanat, Gremien, Kapitel, Ordensunterschiede, Würdenträger oder nicht u. v. m.

Um achtsam mit den eigenen Grenzen und den Grenzen anderer umgehen zu können, sind Wahrnehmungsfähigkeit, Achtsamkeit und Empathie, soziale Fähigkeiten und eine große Portion Selbstliebe nötig.

## Unachtsamer und daher verletzender Umgang mit Grenzen

Dort, wo ich mich meinen und deinen Grenzen nicht angemessen stelle, dort, wo meine Selbstliebe und damit auch die Nächstenliebe nicht gepflegt wird, können Fehlentwicklungen und Grenzüberschreitungen geschehen.

> *Zu einer heilsamen Pastoral*
> *ist vor allem derjenige fähig, der nicht nur*
> *über pastoralpsychologische Kenntnisse,*
> *sondern auch über eine hinreichende Selbst-*
> *erkenntnis verfügt, der um seine Stärken*
> *und Schwächen weiß und sich gerade auch in*
> *seinen Grenzen und Defiziten annehmen kann.*
> *(Martin Hofmeir[10])*

Hier sind Beispiele für Grenzüberschreitungen durch fehlende Selbstliebe im biblischen und kirchlichen Kontext.

### *Wut und zerstörerischer Zorn*

»Du hast mich und mein Bemühen weder gesehen noch gewürdigt.«

Der Brudermord von Kain an Abel trägt den Stempel der unbefriedigten Bedürftigkeit Kains. Sein Opfer für

Gott wurde nicht so positiv betrachtet wie das Opfer Abels. Gott wendet sich von Kain ab und Abel zu.

> *Der Mensch erkannte Eva, seine Frau; sie wurde schwanger und gebar Kain. Da sagte sie: Ich habe einen Mann vom* HERRN *erworben. Sie gebar ein zweites Mal, nämlich Abel, seinen Bruder. Abel wurde Schafhirt und Kain Ackerbauer. Nach einiger Zeit brachte Kain dem* HERRN *eine Gabe von den Früchten des Erdbodens dar; auch Abel brachte eine dar von den Erstlingen seiner Herde und von ihrem Fett. Der* HERR *schaute auf Abel und seine Gabe, aber auf Kain und seine Gabe schaute er nicht. Da überlief es Kain ganz heiß und sein Blick senkte sich. … Da redete Kain mit Abel, seinem Bruder. Als sie auf dem Feld waren, erhob sich Kain gegen Abel, seinen Bruder, und tötete ihn.*
> *(Genesis 4,1–5.8)*

Kain fühlt sich ungerecht behandelt, in seinem Tun nicht gesehen. Daraus entstehen Zorn und Wut, die sich bis zur Ermordung seines Bruders steigert: Dies ist wohl das folgenreich schwerste Resultat fehlender Liebe.

Selbst wenn wir als Kinder nicht so geliebt wurden, wie es uns gutgetan hätte, kann sich der Mensch Selbstliebe aneignen. Es liegt in der Verantwortung eines/einer jeden von uns, Liebe zu leben. Kain ist zu kurz gekommen. Er sehnt sich nach Ansehen und Anerkennung für das, was er fähig ist zu geben. Sie wird ihm nicht in dem Maße geschenkt, wie es für ihn erbaulich wäre. Er rastet aus und zerstört nicht nur Abels Leben, sondern zugleich sein eigenes.

Nun kommt es im kirchlichen (und auch im sozialen) Umfeld wohl kaum zur Ermordung jener, die mehr Beachtung erhalten. Aber auf einer anderen Ebene geschieht oft Ähnliches: Menschen können ausgegrenzt werden, wenn sie besondere Charismen und Kompetenzen mitbringen, die andere vor Neid erblassen lassen. Wer unfähig ist, sich selbst, die eigenen Kompetenzen und die eigenen Grenzen zu achten und zu lieben, kann sich angesichts einer fähig(er)en Person bedroht fühlen. Die scheinbar bedrohte Person kann aus Angst vor der vermeintlichen Konkurrenz zu lieblosen Gedanken und Handlungen verleitet werden: *Ich gönne dir deine Fähigkeiten, deine Erfolge und das Ansehen der anderen nicht!* Menschen mit geringem Selbstwertgefühl und fehlender Selbstliebe können aus Angst zu Feind/innen werden, die den anderen oder die andere bekämpfen, erniedrigen und – wenn sie als Führungsperson die Möglichkeit dazu haben – auch aus dem Dienst entlassen oder durch Mobbing vertreiben.

Wer hingegen in sich ruht, mit sich selbst liebevoll umgeht, die eigenen Fähigkeiten kennt und die Grenzen nicht als Bedrohung empfindet, kann andere neben sich würdigen, selbst wenn sie sehr fähig sind und dafür gelobt werden. Anstatt Neid, Eifersucht oder gar Ablehnung zu spüren, sind sich selbst liebende Menschen fähig, andere Personen wertzuschätzen und für deren Charismen dankbar zu sein. Sie ermöglichen es, dass diese besonderen Fähigkeiten bzw. Kompetenzen ertragreich eingesetzt werden können.

## Selbstzerstörerischer Zorn

»Du hast anderen mehr gegeben als mir.«

> *Sechs Tage vor dem Paschafest kam Jesus nach Betanien, wo Lazarus war, den er von den Toten auferweckt hatte. Dort bereiteten sie ihm ein Mahl; Marta bediente und Lazarus war unter denen, die mit Jesus bei Tisch waren. Da nahm Maria ein Pfund echtes, kostbares Nardenöl, salbte Jesus die Füße und trocknete sie mit ihren Haaren. Das Haus wurde vom Duft des Öls erfüllt. Doch einer von seinen Jüngern, Judas Iskariot, der ihn später auslieferte, sagte: Warum hat man dieses Öl nicht für dreihundert Denare verkauft und den Erlös den Armen gegeben? Das sagte er aber nicht, weil er ein Herz für die Armen gehabt hätte, sondern weil er ein Dieb war; er hatte nämlich die Kasse und veruntreute die Einkünfte. Jesus jedoch sagte: Lass sie, damit sie es für den Tag meines Begräbnisses aufbewahrt!*
> *(Johannes 12,1–7)*

Judas Iskariot scheint in seinem Leben zu kurz gekommen zu sein. Es mangelt ihm an Selbst- und Nächstenliebe. Trotzdem ist er in den Kreis der Jünger Jesu aufgenommen und mit der Kasse betraut worden. Vermutlich weil ihm die Anerkennung fehlt, bedient er sich selbst am vorhandenen Geld. Er scheint ein Mensch zu sein, der sich nach Zuneigung und Liebe sehnt, beides aber nicht genügend erhält. Mag sein, dass er das, was er bekommt, nicht ausreichend annehmen kann oder dass es letztlich immer zu wenig ist. Jedenfalls lässt seine aufgebrachte Reaktion auf die Salbung seine persönliche Not erahnen. Er ist wütend, dass Maria ihre Liebe zu Jesus auf so verschwenderische Weise zeigt. Wenn sie kostbarstes Öl verwendet, ist sie in seinen Augen zu überschwänglich sinnlich und liebevoll. Die Tatsache, dass Jesus diese Liebesbezeugung annimmt und sogar verteidigt, ist Judas unerträglich. Judas ist liebesbedürftig und hält es nicht aus, wenn andere geben und nehmen, was ihm, zumindest an dieser Stelle, vorenthalten ist.

Die Salbende

Berührung
zart
erregt die Gemüter

Verschwendung
sagen sie
lasst sie
sagt er
der versteht
was sie ihm tut

ihre Trauer beweist
unausgesprochene Liebe
die aus inneren Quellen fließt
er trauert mit
sein Leben
wird in ihren Händen
unsterblich[11]

Maria ist liebesfähig. Sie gibt, was sie hat – und darüber hinaus. Jesus, der vor seiner bevorstehenden Auslieferung Liebe dringend benötigt, nimmt an, was sie ihm gibt, und verteidigt ihr Tun. Judas beobachtet und wird von Eifersucht erfasst – auf Maria, die Jesus mit ganzer Hingabe liebt, und auf Jesus, der diese Liebe bekommt und annimmt. Da ist eine Beziehung zwischen diesen beiden Menschen entstanden, die Judas scheinbar ausschließt. Jesus scheint ihn weniger zu lieben. Das tut weh.

Jesus weiß um den bevorstehenden Verrat Judas'; dennoch ist Judas einer der Jünger, die mit ihm das Letzte Abendmahl feiern. Jesus grenzt Judas nicht aus. Darin liegt eine liebende Zuwendung, die von Judas entweder nicht wahrgenommen wird oder die ihm letztlich schwer zusetzen wird. Denn Judas wird Jesus nach dem Abendmahl für Geld verraten. Dieser Verrat aus fehlender Liebe, verzehrender Eifersucht oder aus tiefster Not und innerer Leere wird Judas umbringen. Er wird letztendlich mit sich selbst und seiner Handlung nicht fertig und erhängt sich. Seine überbordende Bedürftigkeit nach Liebe und sein zerstörerischer Zorn gegenüber jenen, die besitzen, was ihm fehlt, bringen ihn ums Leben.

### *Selbsthingabe bis zur Selbstaufgabe*

»Ich gebe, damit du mich brauchst und würdigst.«

Im kirchlichen Umfeld wird dieser letzte Ausweg, die Selbsttötung, zum Glück selten vollzogen. Auch wird empfundener Zorn nicht immer so ausgelebt, dass andere zu Schaden kommen. Es gibt jedoch Fehlentwicklungen und innere Antreiber, die dem eigenen Leben bzw. der Lebensqualität schaden und etwa so lauten: *Ich bekomme zu wenig Lob und Anerkennung, Wärme und Zuneigung, also gebe ich noch mehr von mir.* Ein Ergebnis dieser inneren Antreiber kann die Einstellung mit sich bringen, noch mehr leisten zu wollen. Dies kann so weit gehen, dass ich grenzenlos meine Grenzen missachte.

Die Missachtung meiner Grenzen kann sich darin zeigen, dass ich unersetzlich werde, ständig erreichbar bin, mich völlig verausgabe, für alle Bedürftigen mehr da bin als für meine eigene Bedürftigkeit. Auswirkungen können sein, dass ich mir selbst keine Ruhepause gönne, keine Auszeiten (z.B. Exerzitien, Tage der inneren Einkehr, tägliche Gebets- und Meditationszeiten etc.), dass ich die eigene Familie vernachlässige, jeden Abend Termine habe und auch im Urlaub dienstlich ansprechbar bin. Ich überschütte andere mit Wohltaten, aber vernachlässige meine Seele und meinen Körper. Das kann in Erschöpfung, in Depression, in fehlende Gottes- und Menschenbeziehungen und in chronische Krankheiten münden.

Im kirchlichen Arbeitsumfeld habe ich in den letzten Jahren mehrere Kolleginnen und Kollegen durch Schlaganfälle, Herzinfarkte und Aneurysmen verloren, die meines Erachtens weitgehend stressbedingt waren und vermutlich durch Grenzen achtenden Umgang im System Kirche und im persönlichen Umfeld hätten verhindert werden können. Aussagen von Kolleg/innen, dass sie kaum oder gar nie die jährliche Möglichkeit nutzen, Exerzitientage zu nehmen, und dass sie auch kaum oder gar nie zu Weiterbildungen gehen, die ihre Gesundheit fördern könnten, passen zu dieser leistungsverliebten (Lebens-) Einstellung. Grund dafür dürfte wohl eine fehlende Selbstfürsorge auf Kosten der persönlichen Gesundheit sein. Dies wirft meiner Auffassung nach für soziale oder pastorale Mitarbeitende kritische Fragen auf:

- Ist der überbordende Einsatz für andere ein Grund, mir selbst zu schaden?
- Fordert ein überhöhtes (scheinbar) christliches Ideal, sich selbst, die eigene Familie, den Partner, die Partnerin, die Ordensgemeinschaft zu vernachlässigen?
- Gebe ich so viel, damit ich ein wenig (mehr) Anerkennung oder gar Liebe bekomme bzw. damit ich gebraucht werde oder mich gebraucht fühle?

Es gibt biblisch gesehen sogar bei Jesus Tendenzen, seinen Körper und seine Familie zu vernachlässigen. Seine Mutter versuchte ihn nach Hause zurückzuholen, weil er zu wenig aß und schlief. Seine Fastenkuren in der Wüste waren umfangreich und fordernd. Sein unermüdlicher Einsatz für die Armen und Notleidenden bzw. Bedürftigen war grenzüberschreitend. Ich wage sogar zu sagen, dass er bei dem Arbeitstempo, das er in den drei Jahren seines öffentlichen Wirkens an den Tag legte, nicht ewig gesund geblieben oder gesund alt geworden wäre.

Zahlreiche biblischen Stellen belegen aber auch, dass er sich dann doch immer wieder zurückgezogen hat in die Stille, in die Natur, in Selbstreflexion und Gottesbeziehung. Er hat auch die Jünger aufgefordert, sich nach übermäßig fordernder Arbeit auszuruhen, zu essen und zu beten. Er hat im Boot sogar einen Seesturm verschlafen, weil er seiner Müdigkeit Raum gab (oder aber, weil er schlichtweg übermüdet war).

Dies zeigt wohl, dass es die Ausgewogenheit, das rechte Maß der Selbst- und Nächstenliebe geben muss, um gesund und einsatzfähig zu bleiben. Wer sich selbst achtet, braucht sich nicht über alle Maßen zu verausgaben, um Anerkennung zu erhalten. Wer sich selbst liebt, ist unabhängig von der Reaktion, dem Ansehen, der Anerkennung von außen. Wer sich selbst annimmt, braucht nicht andere, um die eigenen Fähigkeiten und Leistungen zu würdigen. Ich liebe mich und gebrauche bzw. missbrauche meine Nächsten nicht als Quelle meiner Lebensbejahung. Wer sich selbst wertschätzt, kann dies auch dann tun, wenn Arbeit nicht mehr die Quelle der Selbstbestätigung ist. Das heißt konkret: Ich liebe mich selbst auch jenseits meiner Arbeitsfähigkeit – oder anders ausgedrückt: *vor* jeder Leistung. Als Konsequenz dieser Selbstliebe kann ich dann auch andere lieben, die sich nicht unermüdlich einsetzen, die sich nicht ständig verausgaben und die nicht jederzeit erreichbar und einsetzbar sind.

Was sagt Jesus zu Judas?

> *Die Armen habt ihr immer bei euch,*
> *mich aber habt ihr nicht immer.*
> *(Johannes 12,8)*

Um es in anderen Worten auszudrücken: Niemand von uns – auch wenn wir noch so viel Liebe in uns tragen oder nach außen leben – kann die Not der Welt zur Gänze lindern. Selbst Jesus war nicht fähig, für alle Notleidenden Wunder zu wirken oder alle zu heilen. Auch Jesu Arbeit blieb unvollständig, selbst wenn er sein Wirken am Kreuz als vollbracht bezeichnete. Wir müssen uns mit der Bruchstückhaftigkeit unseres Lebens und Tuns auseinandersetzen. Aber wir sollen dies in aller Liebe und mit Barmherzigkeit tun. Wir dürfen lernen, eine Fehlerkultur sowie eine Kultur der Unvollständigkeit zu leben. Damit lieben wir uns und andere zugleich.

Dem widerspricht zuweilen die hohe Leistungsforderung mancher kirchlichen Führungskräfte. Sie überfordern regelmäßig sich selbst, aber vor allem ihre Mitarbeiter/innen. Wenn der Chef bzw. die Chefin unermüdlich ist (oder zumindest scheint), setzt diese dauerhafte Einsatzbereitschaft die Belegschaft unter enormen Druck. Die Folge davon kann sein, dass Grenzüberschreitungen passieren: Dies ist z.B. der Fall, wenn die Leistungsanforderungen an die Mitarbeitenden oder Ehrenamtlichen überhöht oder gesundheitsgefährdend werden. Ein weiterer Missbrauch geschieht dann, wenn Vorgesetzte oder Verantwortliche unfähig sind oder werden, Wertschätzung, Anerkennung und Dank für das Mitwirken oder die erbrachte Leistung zu schenken. Außerdem kommen Leitende ihrer Fürsorgepflicht dort nicht nach, wo sie nicht auf Zeitausgleich und Urlaub sowie andere Formen der Entspannung, Erholung und – nach Krankheit oder Verletzung – auf die nötige Regenerationszeit pochen und diese auch ermöglichen. Wenn der Mensch im Betrieb Kirche oder in anderen sozialen Betrieben nicht als Wertschöpfung in seinem ganzen Potential gesehen und gewürdigt wird, fehlt es an der Liebe. Wenn überhöhte oder überkommene Ideale mehr wert sind als die Lebensqualität der Mitmenschen, wird Jesu Frohbotschaft missachtet.

*Und Jesus sagte zu ihnen:*
*Der Sabbat wurde für den Menschen gemacht,*
*nicht der Mensch für den Sabbat.*
*(Markus 2,27)*

Im Mittelpunkt des Handelns Jesu ist die Orientierung an den Bedürfnissen der Menschen – nicht Regeln, Gesetze, Traditionen, negative bzw. falsche Glaubenssätze oder häufig unausgesprochene Leistungsideale.

Fehlende Selbstliebe kann zur fehlenden Wahrnehmung der Grenzen anderer führen und zerstörerische Folgen nach sich ziehen. Die Arbeitsatmosphäre kann dadurch unchristlich und unmenschlich werden, obwohl der Einsatz letztlich für die Nächstenliebe getätigt wird.

Wer sich selbst und seine Grenzen übergeht, neigt dazu, dies auch von anderen einzufordern oder bei anderen zu fördern. Ein Klima der wiederkehrenden Überforderung, der Anspannung, der unterdrückten Wut und/oder der Ausbeutung kann damit erzeugt werden, das seine Opfer fordert: Unzufriedenheit, Ohnmachtsgefühle; Konkurrenzkampf, Überleben der Stärksten und Fähigsten; Dienst bis zum Umfallen, zu Unfällen oder zum Krankenstand; Rückzug in die innere und/oder äußere Emigration bzw. Kündigung u. v. m. können Folgen sein.

Dort, wo Selbstliebe fundiert ist, und dort, wo eine Führungspersönlichkeit dies bei sich selbst umsetzt, wird es zur Leitlinie, zur Haltung, die andere im Arbeitsumfeld schätzt und sinnstiftend im Arbeits-Leben erhält. Darüber hinaus ist mittlerweile betrieblich eindeutig geklärt, dass Wertschätzung der Belegschaft zur Wertschöpfung des Betriebes wird. Das sollten kirchliche und soziale Einrichtungen nicht nur erkennen, sondern als Leitlinie ihres Wirkens umsetzen. Immerhin hat Jesus es uns vorgelebt: Er hat berufen, zusammengehalten, ausgetauscht, ermächtigt, rechtzeitig Positionen übergeben – und dies alles im Wissen, dass keine/r vollkommen sein kann und sein wird. Er ist in der Praxis ebenso barmherzig mit seinen Freund/innen umgegangen wie mit sich selbst:

> *Seid barmherzig,*
> *wie auch euer Vater barmherzig ist!*
> *(Lukas 6,36)*
>
> *Seid gütig zueinander, seid barmherzig,*
> *vergebt einander,*
> *wie auch Gott euch in Christus vergeben hat.*
> *(Epheser 4,32)*
>
> *Endlich aber: Seid alle eines Sinnes,*
> *voll Mitgefühl und Liebe zueinander,*
> *seid barmherzig und demütig!*
> *(1 Petrus 3,8)*

Selbstliebe führt zu barmherzigem, mitfühlendem und liebevollem Verhalten, das Menschen ermutigt, würdigt und ermächtigt, das vor allem aber auch heilsam wirkt, wo so ein Verhalten kaum oder gar nicht zur bisherigen Lebenserfahrung gehörte.

Dass dieses Verhalten die Maxime eines kirchlichen (Arbeits-)Umfeldes sein soll, wurde im Rahmen der Auslegung des Gleichnisses vom barmherzigen Samariter bereits näher ausgeführt. Zusammengefasst sei gesagt: Wer sich in diesem konkreten biblischen Beispiel von der wahren Not abwendet, sind die Priester und Leviten (Gesetzestreue), die vermutlich auf dem Weg zu ihrem offiziellen Dienst sind und sich scheinbar keine Unterbrechung bzw. Ablenkung leisten können. Ihr Einsatz für die einen wird zur Unbarmherzigkeit für die anderen. Das Vorbeigehen am Verletzten kann als unmenschlich und unbarmherzig bezeichnet werden.

Diese unbarmherzige Haltung hat ihre Folgen beim unversorgten und übergangenen Samariter genauso wie bei denen, die vorübergehen. Wenn Letztere sich ihrem Verhalten und dessen Auswirkungen stellen, kann es sich innerlich auswirken, indem Gewissensbisse oder Schuldgefühle auftauchen. Mit diesen Gefühlen können sie nun barmherzig oder aber auch unbarmherzig umgehen. Wie immer sie sich entscheiden – ihr Verhalten nach innen wird sich vermutlich auch im Verhalten nach außen widerspiegeln.

Wenn sie jedoch dieses Verhalten nicht hinterfragen, erweisen sie sich als unmenschlich, gefühlskalt und gewissenlos. Ihr seelsorglicher bzw. pastoraler Umgang mit anderen wird entsprechende Auswirkungen auf die ihnen Anvertrauten oder Unterstellten zeitigen.

- Wer also ist mein Nächster, meine Nächste im pastoralen Umfeld – selbst unter Leistungs- und Zeitdruck?
- Wie also wirkt sich meine Vernachlässigung der Selbst- und Nächstenliebe aus?
- Müsste ich meine hohen Ansprüche, meine Leistungsgrenze, meinen Terminkalender, mein (soziales) Verhalten neu überdenken, um liebenswert zu bleiben?

- Müsste ich alte, überkommene und zerstörerische Glaubenssätze überdenken und durch positive, stärkende Glaubenssätze ersetzen – zum Wohle vieler?

Möge es gelingen, meine Selbstliebe liebevoll zu pflegen, um in meinem Umfeld mehr Liebe zu allem Geschaffenen ins Leben zu bringen; um der christlichen Maxime von der befreienden Liebe Raum zu geben und damit Frucht zu bringen. Möge es gelingen, durch diese Selbst- und Nächstenliebe zur Liebe zu Gott, zum Göttlichen und Heilbringenden fähig und dadurch liebend wirkkräftig zu werden.

*Amen, ich sage euch: Was ihr für einen*
*meiner geringsten Brüder getan habt,*
*das habt ihr mir getan.*
*(Matthäus 25,40)*

# Anmerkungen / Textnachweis



1 Aus: Angelika Gassner, Berührende Augenblicke. Spiritualität für Leib und Seele. Exerzitien im Alltag, hrsg. von der Erzdiözese Salzburg 2012.
2 Einheitsübersetzung in der Fassung von 1980.
3 Aus: Angelika Gassner, Befreit zur Liebe. Exerzitien im Alltag zu Worten von Jesus Christus und Papst Franziskus, hrsg. von der Erzdiözese Salzburg 2016.
4 Aus: Gioconda Belli, Wenn du mich lieben willst. Gedichte aus Nicaragua © 1993 Peter Hammer Verlag GmbH, Wuppertal, 3. Aufl. 2004.
5 Aus: Angelika Gassner / Anna-Katharina Stahl (Illustr.), Doppelte Freude und halbes Leid. Alltagsexerzitien zu Frauenfreundschaften ISBN 978-3-460-25519-7 © Verlag Katholisches Bibelwerk GmbH, Stuttgart 2020, Seite 123.
6 Nach: Dankbar leben. Ein inspirierendes Praxisbuch basierend auf den Grundsätzen von David Steindl-Rast, hrsg. von Gary Fiedel und Karie Jacobson in Zusammenarbeit mit gratefulness.org und dankbar-leben.org, Vier-Türme-Verlag, Münsterschwarzach 2018.
7 Gerald Hüther, Was wir sind und was wir sein könnten. Ein neurobiologischer Mutmacher © 2011 S. Fischer Verlag GmbH, Frankfurt am Main, 10. Auflage 2019, Seite 52.
8 Aus: Angelika Gassner, Wachsen vollzieht sich in der Stille. Exerzitien im Alltag zu Bildern von Karl Weiser, hrsg. von der Erzdiözese Salzburg 2011.
9 Franz Jalics 1994, zitiert nach: Martin Hofmeir, Priester und Ordensleute nach einer Therapie, a. a. O.
10 Martin Hofmeir, Priester und Ordensleute nach einer Therapie. Eine pastoralpsychologische Studie zu einer Nachsorgekonzeption für das Recollectio-Haus Münsterschwarzach, Vier-Türme-Verlag Münsterschwarzach 1997.
11 Aus: Angelika Gassner, Wachsen vollzieht sich in der Stille, a. a. O.

# Die Autorin

Angelika Gassner, katholische Theologin, psychologische Lebensberaterin, Freie Rednerin, Geistliche Begleiterin, Referentin

Wie sieht meine eigene Selbstfürsorge aus?
Am liebsten erhole ich mich in freier Natur, wandernd oder im Garten arbeitend.
Ich entspanne mich sehr gern mit englischen Romanen oder beim Stricken. Tiefgehende Gespräche bereichern mich ebenso wie herzhaftes Lachen sowie ausgelassenes Tanzen und Singen. Spiritualität und Selbstreflexion gehören zu meinem Leben sinnstiftend dazu.

**VERLAGSGRUPPE PATMOS**

PATMOS
ESCHBACH
GRÜNEWALD
THORBECKE
SCHWABEN
VER SACRUM

Die Verlagsgruppe
mit Sinn für das Leben

MIX
Papier | Fördert gute Waldnutzung
FSC® C014496

Die Verlagsgruppe Patmos ist sich ihrer Verantwortung gegenüber unserer Umwelt bewusst. Wir folgen dem Prinzip der Nachhaltigkeit und streben den Einklang von wirtschaftlicher Entwicklung, sozialer Sicherheit und Erhaltung unserer natürlichen Lebensgrundlagen an. Näheres zur Nachhaltigkeitsstrategie der Verlagsgruppe Patmos auf unserer Website www.verlagsgruppe-patmos.de/nachhaltig-gut-leben


Verlagsgruppe Patmos in der Schwabenverlag AG, Ostfildern
www.schwabenverlag-online.de

Umschlaggestaltung: Finken & Bumiller
Satz: Schwabenverlag AG, Ostfildern
Druck: GGP Media GmbH, Pößneck
Hergestellt in Deutschland
ISBN 978-3-7966-1861-1